Daniela Mattes

Tarot für Eilige

Grundlagen und Deutung auf einen Blick

Daniela Mattes

Tarot für Eilige

Grundlagen und Deutung auf einen Blick

„Tarot für Eilige"
Neuauflage Januar 2018
1. Auflage 2008 Asaro Verlag

Ancient Mail Verlag Werner Betz
Europaring 57, D-64521 Groß-Gerau
Tel.: 00 49 (0) 61 52/5 43 75, Fax: 00 49 (0) 61 52/94 91 82
www.ancientmail.de
Email: ancientmail@t-online.de

Verantwortlich für die Produktsicherheit:
Ancient Mail Verlag – Werner Betz
Europaring 57, 64521 Groß-Gerau
Email: ancientmail@t-online.de

Bibliografische Information der Deutschen Nationalbibliothek:
Die Deutsche Nationalbibliothek verzeichnet diese Publikation in der Deutschen Nationalbibliografie; detaillierte bibliografische Daten sind im Internet über http://dnb.dnb.de abrufbar.

Coverbild und Gestaltung: Tanja Schröder
Druck: WIRmachenDRUCK GmbH, D-71522 Backnang

ISBN 978-3-95652-238-3

Inhalt

Vorwort

Sie haben sich schon immer fürs Kartenlegen interessiert und würden es gerne selber einmal versuchen? Sie haben aber keine Zeit oder keine Geduld, zuerst dicke Bücher zu wälzen oder gar auswendig zu lernen, bevor Sie loslegen können?

Sie wollen aber auch nicht nur ein Stichwort zu jeder Karte an den Kopf geworfen bekommen, weil das dann meist die Stichworte sind, die Sie zu Ihrer Legung gerade überhaupt nicht gebrauchen können? Dann liegen Sie bei diesem Buch genau richtig.

Denn Kartenlegen ist nicht schwierig. Sie müssen auch nicht sehr viel auswendig lernen, sondern Sie sollten eher das Grundthema jeder Karte intuitiv verstehen und daraus die für die anstehende Legung wichtigen Punkte herausziehen. Dazu müssen Sie lediglich ein wenig kreativ denken.

Sie bekommen daher von mir zu jeder Karte kurz die wichtigsten Inhalte vermittelt, erhalten Hilfestellung für weitere wichtige Assoziationen und zusätzliche Tipps für die zu bevorzugenden Legesysteme bzw. die einfachere Methode der Einzelziehung. Und schon kann's losgehen.

Viel Vergnügen!

Einführung

1. Grundsätzliches

Auch wenn es sich um einen Schnellkurs handelt, sollten wir doch einige Themen kurz ansprechen. Nur weil es schnell gehen soll, heißt das ja nicht, dass wir die Hälfte weglassen können!

Die Herkunft der Tarotkarten liegt im Dunkeln. Niemand wird Ihnen todsicher erklären können, wo sie herkommen. Einige erzählen von den alten Ägyptern, andere von den Zigeunern.

Es gibt also sehr viele verschiedene Hypothesen dazu. Wenn Sie es jedoch eilig haben, mit dem Kartenlegen zu beginnen, wollen Sie also keine wissenschaftliche Abhandlungen und wirren Vermutungen zur Herkunft von mir hören. Wir lassen also dieses Thema an dieser Stelle beiseite.

Die Art der Tarotkarten, mit denen Sie legen sollen, sollten Sie selbst bestimmen. Es gibt unzählige verschiedene Kartendecks mit den verschiedensten Motiven. Zum Beispiel Engel, Blumen, Bäume, Edelsteine oder wertvolle künstlerische Gestaltungen. Sie können das Deck benutzen, das Ihnen am besten gefällt, dann erhalten Sie auch die besten Ergebnisse.

Vergessen Sie aber nicht, dass jeder Künstler in seinem Deck eine ganz bestimmte Hauptbedeutung im Motiv der jeweiligen Karte herausarbeitet, die Ihnen dann aber im Gegensatz zu der eigentlich ansprechenden Gestaltung der Bilder eventuell nicht zusagt.

Außerdem erhalten Sie meist nur ein oder gar kein Buch zu jedem Kartendeck. Ihre späteren Nachforschungen über die verschiedenen Bedeutungen werden vermutlich im Keim erstickt.

Um eine gewisse Sicherheit im Kartenlegen zu bekommen und auch gleichzeitig die Möglichkeit zu erhalten, mehr über die Symbole und Farben der Karten zu erfahren, sollten Sie deshalb mit einem

Standard-Deck arbeiten. Es empfiehlt sich deshalb das Rider-Waite Tarot, auf das ich mich im folgenden Text auch beziehe.

Daneben finden Sie Abbildungen aus meinem eigenen Deck, das ich zusammen mit einer Grafikerin erstellt habe. Sie können das Kartendeck beim Verlag ebenfalls bestellen. Das Buch funktioniert aber selbstverständlich auch, wenn Sie mit dem gängigen Rider-Waite Tarot arbeiten.

Übrigens: Wenn Sie sich für Numerologie oder andere Teilbereiche der Esoterik interessieren oder solche Deutungen einbeziehen wollen (viele Künstler verstecken die Symbolik in den Kartenmotiven), so sollten Sie das lieber erst später einbauen, wenn Sie sicherer sind!

Lernen Sie besser zuerst die Grundbedeutungen kennen. Erweitern können Sie Ihre Kenntnisse noch jederzeit.

1.1 HISTORISCHES

Gegenüber der Erstausgabe dieses Werkes im Jahr 2008 habe ich mittlerweile in einem Buch über das Wahrsagen auch ein Kapitel über die Entstehung der Karten geschrieben, das hier sehr gut als Einleitung dient.

Wer sich für die historischen Hintergründe nicht interessiert, kann selbstverständlich sofort weiterblättern und mit dem Erlernen der Legung beginnen. Sie können sich die Geschichte des Tarots auch jederzeit später noch einmal zu Gemüte führen.

Die Tarotkarten

Werfen wir einmal einen Blick auf die gängigen Decks, das Rider Waite und das Crowley Tarot sowie das historische Visconti Sforza Tarot:

Die Familie Sforza war eine berühmte italienische Familie aus dem bäuerlichen Kleinadel und regierte von 1450 bis 1535 als Herzöge von Mailand. Der Name „Sforza“ war eher ein Spitzname, denn die Familie hieß in Wirklichkeit Attendolo.

Sie wurde in Dantes „Göttlicher Komödie" erwähnt und stand in Kontakt zur Familie der Medicis in Florenz, die zu den einflussreichsten und reichsten Familien jener Zeit gehörte. Aus dieser Familie stammte auch Caterina de Medici (1519-1589), die Heinrich II von Frankreich heiratete und die in die Geschichte einging, als sie in der Bartholomäusnacht die Hugenotten ermorden ließ.

Sie sehen, wie unterschiedlich die Karten gestaltet sind. Das liegt auch an den dahinterliegenden Absichten. Wo früher die Decks eventuell im Auftrag des Königs angefertigt wurden, spielten andere Gestaltungen eine Rolle als bei den Karten, die geheimes Wissen und geheime Symbolik vermitteln und an den Unwissenden vorbei schmuggeln wollten.

Eine reine Zukunftsvorhersage war oft nicht der eigentliche Zweck der Karten, es sollten z. B. auch alchemistische Informationen weitergegeben werden.

Wenden wir uns daher einmal den Schöpfern der genannten Tarots zu – wir können leider in diesem Werk nicht zu jedem existierenden Kartendeck eine breit gefächerte Entstehungsgeschichte anbieten. Dennoch ist es interessant zu wissen, woher die Grundlagen der bekanntesten Decks eigentlich stammen. Viele Nutzer machen sich darüber kaum Gedanken. Die Karten werden gekauft, die Bedeutungen werden auswendig gelernt und das war's dann ...

Zu der Entstehung des Tarot gibt es unterschiedliche Versionen, die auch meist auf in den Beilageheftchen zu den Kartendecks erklärt sind. Grundsätzlich kennt man die Karten in ihrer Form als Spielkarten schon lange, auf jeden Fall seit dem 14./15. Jahrhundert und es gab die Karten gemäß der Überlieferung in unterschiedlicher Anzahl, je nach Spiel.

Der französische Mystiker Papus ist der Ansicht, dass bereits die alten Ägypter das Tarot kannten und auf den Karten ihr magisches und mystisches Wissen „versteckten" und so überliefern konnten.

Die Karten hatten also mit Sicherheit – wie bereits oben erwähnt – in jedem Kulturkreis und je nach Entstehung einen unterschiedlichen

Zweck. Um zu spielen, um eine Geschichte zu erzählen, um Wissen zu übermitteln oder um die Zukunft vorherzusagen. Oder auch alles in einem, je nach Absicht des Schöpfers des jeweiligen Decks.

Das Visconti-Sforza-Tarot wird auf das Jahr 1452 datiert und entstand unter Mitwirkung bzw. aufgrund der Inspiration der Tochter des Herzogs Sforza. Vermutlich bestand es auch zunächst aus 70 Karten anstatt 78 und stammte aus der Hand verschiedener Künstler.

Die Entwicklung der 22 Trumpfkarten der Großen Arkana erfolgte erst später. Solche Aussagen sind natürlich auch immer ein Stück weit davon abhängig, welche Karten man aus dieser Zeit noch findet und in welchem Zustand.

Warum sollten nicht verschiedene Künstler verschiedene Tarots angefertigt haben? Ohne Druckerpresse mussten die Karten ohnehin von Hand gezeichnet und koloriert werden, warum also nicht in verschiedenen Ausführungen? Aber wir wollen uns hier keinen eigenen Spekulationen hingeben.

Eine große Kartenproduktion und ein Handel damit entwickelte sich kurz darauf um das Jahr 1500 in Frankreich, dem Land aus dem die berühmte Sibylle von Paris, Marie Anne Lenormand stammt. Und auf Frankreich konzentriert sich auch der Beginn der esoterischen Kartenkünste, wie man an den folgenden Berühmtheiten sieht, die die Karten auf ihren zukunftsweisenden Weg gebracht haben.

Die berühmten Väter des modernen Tarots

Antoine Court de Gébelin

Die bebilderten Spielkarten erlebten einen raschen Auf- und Abschwung, bis sie im 18. Jahrhundert als „Wahrsagekarten" zum Einsatz kamen. Die erste Erwähnung als Wahrsageinstrument erfolgte durch den Schweizer Hugenottenpastor (Hugenotten war die Bezeichnung für französische Protestanten) und Freimaurer ***Antoine Court de Gébelin****, der aufgrund seiner Beschäftigung mit der esoterischen Seite des Tarots als Vater desselben gilt.*

Gébelin wurde 1719 in Genf geboren und starb 1784 in Paris. In Paris stolperte er auch über die Karten, die damals in den Salons als Spielkarten genutzt wurden, und stellte seine eigenen Recherchen über ihre Herkunft und Bedeutung an, wobei er seine Kenntnisse der Kabbala mit einfließen ließ.

Die Vereinigung der Freimaurer, der er angehörte, hat ihren Ursprung in den historischen Steinmetzbruderschaften. Diese leben – ohne Rücksicht auf sozialen Status, Bildungsstand oder Glaubensangehörigkeit – nach den fünf Grundidealen, und wollen damit dazu beitragen, dass das Gute in der Welt gelebt wird.

Diese Ideale sind: Freiheit, Gleichheit, Brüderlichkeit, Toleranz und Humanität. Drei davon kennen wir als Parole der Französischen Revolution: „Liberté, Égalité, Fraternité" – Freiheit, Gleichheit, Brüderlichkeit.

Gérard Encausse (Papus)

Gébelins Gedanken wiederum wurden von dem Gelehrten ***Gérard Encausse („Papus")*** *in seinen eigenen esoterischen Werken aufgegriffen. Papus war ebenfalls Freimaurer und stammte aus Spanien (1865 – 1916), starb jedoch in Paris.*

Papus war Mitbegründer der theosophischen Gesellschaft, Okkultist und Rosenkreuzer. Neben all diesen „anrüchigen" Titeln war er jedoch auch Arzt und verstarb in Ausübung seines Dienstes während des Ersten Weltkrieges in einem Militärlazarett an der Tuberkulose.

Die theosophische Gesellschaft wurde 1875 u. a. von ihrer berühmtesten Vertreterin, der Deutschrussin Helena Petrovna Blavatsky in New York gegründet und war eine okkult-esoterische Vereinigung.

Über Die HPB, wie sie auch genannt wird, ließen sich ganze Bände füllen! Die Rosenkreuzer wurden im Rahmen einer protestantischen Reformbewegung im 17. Jahrhundert in Tübingen gegründet. Sie bezogen viele ältere, mystische und philosophische, aber auch kabbalistische, magische und alchemistische Elemente in ihre Lehren ein und vermischten später ihr Gedankengut mit der Freimauererei und Theosophie.

Alphonse Louis Constant (Éliphas Lévi)

Ebenfalls in Paris lebte auch Alphonse Louis Constant, und zwar von 1810 bis 1875. Er war unter dem Pseudonym „Éliphas Lévi" bekannt.

***Lévi** war wie sein Bruder im Geiste, Gébelin, ein französischer Diakon, also ein Mann des Glaubens und dennoch gleichzeitig Okkultist sowie Schriftsteller. Und über seinen berühmten Kollegen Edward Bulwer-Lytton, dem wir „Die letzten Tage von Pompeji" sowie „The coming race" verdanken, kam Lévi zu den Rosenkreuzern, die ihn maßgeblich mit beeinflussten.*

Arthur Edward Waite

Wie wir bisher gesehen haben, lag der Ursprung des esoterischen Tarots zwar in Frankreich, doch aufgrund der Mitgliedschaft der oben genannten Herren in verschiedenen Geheimbünden (also bei den Rosenkreuzer, Freimaurern und Theosophen), verbreitete sich das Wissen auch über Frankreich hinaus in den anderen Logen.

Und damit kommen wir schon zum Schöpfer des bekannten Rider Waite Decks: Arthur Edward Waite.

Der gebürtige Amerikaner (1857 in New York geboren) lebte zwar nur in Amerika und London, wo er 1942 starb und kam daher nicht mit den französischen Geistesbrüdern in direkten Kontakt, doch er stand aufgrund seines Interesses an der Parapsychologie mit mehreren theosophischen Vereinigungen in Kontakt, war ein führendes Mitglied des Hermetic Order of the Golden Dawn und zudem der Übersetzer der Werke von Lévi und Papus ins Englische.

Der Hermetische Orden der Goldenen Morgendämmerung wurde 1888 in England gegründet, zerfiel aber schon zu Beginn der 1900er Jahre wegen innerer Zerwürfnisse.

Auf Waites Empfehlung hin wurde übrigens der zweitberühmte Schöpfer und berüchtigte Magier Aleister Crowley in den Orden aufgenommen. 1914 kriselte es innerhalb des Ordens und Waite gründete einen eigenen Orden.

Das berühmte Tarotdeck entwarf er zusammen mit Pamela Coleman Smith und ließ darin seine detaillierten Kenntnisse einfließen, die er sich bis zu diesem Zeitpunkt angeeignet hatte.

Als Grundlage oder Vorlage diente angeblich das Sola-Busca-Tarot aus Mailand, das um das 15. Jahrhundert herum entstanden ist. Wie wir schon gesehen haben, gab es in dieser Zeit viele bebilderte Spielkarten in Italien, die jedoch nicht zu Wahrsagezwecken entworfen worden waren. Diese Absicht änderte sich mit der Erschaffung von Waites Deck.

***Pamela Colman Smith (1878 – 1971)** war halb Amerikanerin und halb Jamaikanerin und hatte Kunst studiert. Sie durfte ein Buch von Bram Stoker illustrieren und kam über den irischen Dichter William Butler Yeats in den Hermetic Orden of the Golden Dawn, wo sie A. E. Waite kennenlernte und den sie bei seinem Austritt auch in den neuen Orden begleitete.*

Sie hat angeblich nicht nur 78, sondern 80 Tarotkarten entworfen, doch wie viele ihre Illustrationen sind diese leider verschollen. Pamela kehrte in ihrem späteren Leben der Esoterik den Rücken und wurde Katholikin. Trotz ihrer Buchillustrationen und ihres künstlerischen Schaffens starb sie am Ende arm und bettlägerig in Cornwall.

*Kommen wir noch zum letzten berühmten und auch umstrittensten Vater des modernen Tarots: dem „Antichristen" und „Tier 666" **Aleister Crowley.** Der berühmt-berüchtigte Magier wurde 1875 in Leamington als Sohn eines Quäkers und Bierbrauers geboren und hielt sich selbst für die Reinkarnation des berühmten Franzosen Éliphas Lévi, aber auch für den Antichristen.*

Er war nicht nur begeisterter Bergsteiger, sondern auch Okkultist und entwickelte nach seiner nur zweijährigen Mitgliedschaft im Hermetic Order of the Golden Dawn seine eigene Religion.

Er verbrachte einige Zeit im O.T.O. (Ordo Templi Orientis), was seinem Faible für Ägypten entsprach und gründete danach seine Abtei Thelema in Sizilien. Er ist am bekanntesten dafür, dass er in seinem Orden (er übernahm, den O.T.O.) der Sexualmagie frönte und sein Motto lautete „Tu, was du willst, soll sein das ganze Gesetz. Liebe ist das Gesetz, Liebe unter Willen."

1935 erschuf er mithilfe der Künstlerin ***Lady Frieda Harris*** *das berühmte Thot-Tarot. Dabei bezog er sich, genau wie A. E. Waite auf die Arbeiten von Lévi und seine kabbalistischen Erkenntnisse.*

Das Tarot ist symbolträchtiger und „voller", aber auch düsterer als das von Waite und Smith. Welches man nutzt oder auch entschlüsseln möchte, ist reine Geschmackssache.

Über Aleister Crowley gäbe es noch unendlich mehr zu erzählen, doch das würde den Rahmen des Buches sprengen und hätte außerdem nicht mehr viel mit dem zentralen Thema der Tarotkarten zu tun. Er war eine faszinierende, aber auch ganz schräge Person, die viele verschiedene Orden und magische Richtungen nachhaltig beeinflusst hat.

Die meisten Infos sind in den Begleitheftchen der Karten nachzulesen sowie in den Biografien der genannten Männer.

(Mehr über das Buch „Wahrsagen, Orakel, Hellsehen" erfahren Sie übrigens im Anhang dieses Werkes.)

2. Die Karten im kurzen Überblick

Aufteilung der Karten in zwei Hauptgruppen:

Das Kartendeck besteht aus 78 Karten, die sich in die 22 Großen Arkana und die 56 Kleinen Arkana gliedern. Machen Sie sich über diese Namen zunächst gar keine Gedanken. Sie heißen einfach so.

Wie erkennt man die Großen Arkana?

Die 22 Großen Arkana sind beim Rider-Waite-Tarot mit dem römischen Zahlenwert für die Karte (am oberen Rand) sowie dem Namen der Karte (am unteren Rand) beschriftet, zum Beispiel »Der

Narr«. Die Nummerierung beginnt mit der »0« beim »Narr« und geht dann über »I« bis »XXI« zur »Welt«.

Wenn diese Karten in der Legung auftauchen, ist die Bedeutung wichtiger, tief greifender und langandauernder als bei den Karten der 56 Kleinen Arkana.

Man sagt auch, dass diese Karten für verschiedene psychologische Archetypen stehen, die von den Karten verkörpert werden (Kind, Mutter, Vater etc.). Aber die psychologischen Hintergründe werden wir in diesem Schnellkurs nicht ansprechen, es soll ja schnell gehen, nicht wahr?

Es gibt Leute, die der Meinung sind, dass die wahren Profis nur mit den Karten der Großen Arkana legen sollten. Ob Sie das auch so empfinden, müssen Sie für sich selbst prüfen.

Wie erkennt man die Kleinen Arkana?

Bei diesen 56 Karten sind im Rider-Waite-Tarot ebenfalls römische Zahlenwerte von 2 (II) – 10 (X) am oberen Rand vermerkt, jedoch hat die Karte üblicherweise keinen zusätzlichen Namen. Das Ass hat den Zahlenwert 1, der allerdings nicht auf der Karte vermerkt ist.

Nur bei den »Hofkarten«, die die Personen darstellen, finden Sie die Namen »König«, »Königin«, »Ritter« und »Bube« beziehungsweise »Page«. Dafür sind diese Karten aber nicht nummeriert.

Wenn das Tarot schön bebildert ist, dann finden Sie auf diesen Karten Motive, die die Bedeutung der Karte unterstreichen.

Sollte es keine Bilder darauf geben, dann sind nur Symbole für Kelche, Stäbe, Münzen und Schwerter zu sehen, und zwar in der Anzahl ihrer Zahlenwerte.

Die Deutung wird für Sie dann vielleicht etwas schwieriger, Sie sollten daher anfangs ein Tarot mit Bildern benutzen, damit Sie sich leichter hineindenken können.

Die Karten der kleinen Arkana sind wie Spielkarten aufgebaut. Die vier »Farben« sind statt Herz, Pik, Kreuz und Karo.

Die Symbole der Kleinen Arkana:

Kelche stehen für Gefühle/Liebe – Beziehungen

(Element Wasser)

Münzen stehen für Stabilität/Geld - Beruf

(Element Erde)

Schwerter stehen für Gedanken/Verstand - Katastrophen

(Element Luft)

Stäbe - für Energie/Sex - Unternehmungen

(Element Feuer)

(Symbole aus meinem eigenen Kartendeck)

Diese Symbole korrespondieren mit den »Elementen«, die Sie eventuell auch aus dem Gebiet der Astrologie kennen.

Elemente der Sternzeichen in der Astrologie:

Jedes unserer Sternzeichen entspricht von der Qualität her einem dieser Elemente. Reihum wechseln sich die **Elemente** der Zeichen ab.

Die Feuerzeichen oder Choleriker sind:
Widder, Löwe, Schütze

Die Wasserzeichen oder Phlegmatiker sind:
Krebs, Skorpion, Fische

Die Erdzeichen oder Melancholiker sind:
Stier, Jungfrau, Steinbock

Die Luftzeichen oder Sanguiniker sind:
Zwillinge, Waage, Wassermann

Möglicherweise ist dieser Hinweis für Sie hilfreich, weil Sie sich das Grundthema der Karten damit besser merken können, als nur mit den Begriffen Kelch, Stab, Schwert, Münze.

Wenn diese Karten der Kleinen Arkana in der Legung auftauchen, dann stehen sie für kurzfristige Ereignisse oder Einflüsse bzw. für bestimmte Personen.

Man könnte auch sagen, dass diese Karten dann weniger wichtig sind, weil das Ereignis nicht so tief greifend ist oder nicht so lange nachwirkt wie bei den Karten der Großen Arkana.

3. Wie merkt an sich bloss all die vielen Bedeutungen?

Hierzu gibt es verschiedene Methoden, die mehr oder weniger empfehlenswert sind. Sie müssen ausprobieren, welche sich am besten für Ihre Bedürfnisse eignet. Und bitte vergessen Sie die Idee, dass Ihnen jemand ein todsicheres Rezept hat, und Sie sich überhaupt keine weiteren Gedanken machen müssen ...

a) Auswendig lernen

Diese Idee ist nicht sehr hilfreich, obwohl Sie sich am Anfang wohl als die beste anzubieten scheint. Sie müssen sich schließlich zu Beginn irgendetwas merken. Tun Sie das auch ruhig, aber bitte merken Sie sich nicht den ganzen Text, sondern lieber die Bedeutung!

b) Eselsbrücken bauen

Überlegen Sie sich bei jeder Karte gleich, ob Sie vielleicht eine Eselsbrücke bauen können, um die Bedeutung besser im Gedächtnis zu behalten - wie zum Beispiel damals in der Schule »333 bei Knossos Keilerei«. Benutzen Sie, was immer Ihnen hilfreich erscheint.

c) Stichworte merken

Stichworte merken ist ja schon ähnlich wie eine Eselsbrücke und auf jeden Fall die bessere Alternative zum kompletten Auswendiglernen, denn mit irgendetwas müssen Sie ja arbeiten!

Aber dabei sollten Sie stets berücksichtigen, dass die Karten Ihnen viel mehr als nur ein Stichwort sagen, je intensiver Sie sich damit beschäftigen. Wenn Sie sich nur ein Stichwort merken und nicht weiter damit arbeiten, dann bleiben Ihre Ergebnisse recht bescheiden. Bleiben Sie also am Ball!

d) Assoziationen

Die beste Möglichkeit ist es, sich die grundsätzliche Beschreibung anzuschauen und sich anschließend in die Karte hineinzudenken, um weitere Punkte herauszufinden. Was fällt Ihnen zum Beispiel alles ein, wenn Sie einen König (HERRSCHER) auf einem Thron sehen? Wie ist so ein Herrscher, was tut er?

So werden Sie ganz von selbst alle für Sie wichtigen Bedeutungen entdecken – also »assoziieren«.

e) Persönliche Bedeutung

Die Karten sprechen mit unserem Unterbewusstsein. Für jede Person kann die Karte deshalb eine unterschiedliche Bedeutung haben. Achten Sie darauf, welche Bedeutung bei Ihnen vorherrscht. Das ist dann der eigene »Code« zwischen Ihrer Karte und Ihnen. Hieraus können Sie dann auch Ihr eigenes Stichwort und Ihre eigenen Assoziationen zu jeder Karte entwickeln.

Lassen Sie sich von anderen nicht durcheinanderbringen, die Ihnen erklären wollen, dass »nur« diese oder jene Bedeutung sinnvoll ist oder Ihre Bedeutung »falsch« wäre.

Es kann durchaus sein, dass eine Karte für Sie etwas völlig anderes bedeutet als für jemand anderen. Na und? Wenn ihre Ergebnisse richtig sind, dann ist das doch völlig egal. Lassen Sie sich nicht verunsichern!

Ich werde Ihnen an einigen Stellen auch »meine« Hauptbedeutung der Karte nennen - und Sie können schon mal davon ausgehen, dass es bei Ihnen vermutlich eine andere sein wird!

Abschließender Hinweis: für »sich gegenseitig die Karten legen«

Die oben genannte Situation zeigt Ihnen auch gleich an, dass es nie besonders gut ist, für andere Kartenleger-Anfänger die Karten zu legen.

Sie werden Ihnen über die Schulter schauen und fragen: »Aber warum sagst Du denn dies oder jenes, bei mir bedeutet die Karte immer, dass ...«, und schon sind Sie mitten in einer Diskussion.

Ich will das nicht verallgemeinern, aber das ist die Situation, wie ich sie zu 90 Prozent immer selbst erlebt habe.

Natürlich brauchen auch Kartenleger im Notfall mal jemanden, der Ihnen objektiv eine bestimmte Situation beurteilen kann und daher unterstützt man sich selbstverständlich gegenseitig.

Aber verbleiben Sie lieber so, dass Sie sich gegenseitig nicht in die Deutung hineinreden und das Ergebnis Ihrer Freundin oder Kollegin einfach so stehen lassen, wie Sie es Ihnen mitgeteilt hat.

Später, wenn Sie die ersten Hürden genommen haben, können Sie sich dann professionell mit anderen »Kollegen« über die Bedeutungen austauschen.

Doch Vorsicht! Auch wenn andere Ihnen »ihre« geheimen todsicheren Bedeutungen »verraten«, müssen diese noch lange nicht diejenigen sein, die in Ihren eigenen Legungen die besten Ergebnisse bringen.

Nehmen Sie solche Hinweise nur an, nachdem Sie diese in einer eigenen Legung geprüft und für geeignet empfunden haben.

Mein Vorschlag:

Als Hilfestellung werde ich Ihnen bei der Großen Arkana am Ende jeder Kartenbeschreibung und bei den Kleinen Arkana schon in der Überschrift, ein Stichwort vorschlagen, das Sie sich zu der jeweiligen Karte merken könnten.

Aus diesem Stichwort können Sie dann weitere Bedeutungen ganz einfach ableiten. Dieses Stichwort dürfen Sie natürlich beibehalten, wenn Sie es als passend empfinden, aber schön wäre auch, wenn Sie es dann später durch Ihr »eigenes« Stichwort ersetzen könnten, sobald Sie einen »persönlichen Code« mit Ihren Karten ausgetüftelt haben.

4. Gibt es eine Gebrauchsanleitung für das Legen und Mischen?

Jeder hat dabei seine eigene Methode. Wichtig ist, dass es für Sie funktioniert. Lassen Sie sich nicht verunsichern. Sie brauchen keine komplizierten Rituale.

Wichtig ist nur, dass Sie die Karten wirklich ordentlich mischen (egal wie), sich gründlich auf die Frage konzentrieren und die Karten dann so ziehen und auslegen, wie es Ihnen am einfachsten erscheint.

Also mit Ihrer Lieblingslegemethode oder durch Einzelziehungen – damit kommen Sie eigentlich immer ans Ziel. Hierzu gebe ich Ihnen im Anhang noch Beispiele.

Heben Sie keine Angst, Sie brauchen nicht 150 Methoden zu lernen. Machen Sie das ruhig später, wenn Ihnen mal langweilig ist. Zu diesem Thema können Sie auch spezielle Bücher kaufen oder einfach selbst neue Methoden erfinden.

Bevor Sie gleich loslegen, müssen Sie nur noch an eines denken: Jede Karte hat gleichzeitig gute und schlechte Eigenschaften.

Sie müssen durch etwas Übung und Intuition herausfinden, welche Seite der Karte in Ihrer jeweiligen Legung zutrifft. Zum Beispiel der Herrscher: Ist er der tyrannische König auf seinem Thron oder der mildtätige Herrscher, der für seine Untertanen sorgt?

Niemand kann Ihnen im Voraus (in einem Buch) sagen, welche Seite der Karte auf Ihre Frage zutreffen wird. Das wird sich nur aus der jeweiligen Situation heraus ergeben.

Daher werden Sie sich als Anfänger möglicherweise leichter tun, wenn Sie die Karten so mischen, dass diese auch auf dem Kopf stehend in der Legung erscheinen können. Dann haben Sie einen eindeutigen Hinweis darauf, dass Sie hier die Schattenseite der Karte in die Deutung aufnehmen müssen.

Hierzu verteilen Sie die Karten mit dem Motiv nach unten großzügig auf einem Tisch und mischen wie in Kindertagen beim Memory-Spiel die Karten gut durch, bevor Sie sie wieder in die Hand nehmen.

Nach einiger Übung werden Sie die Karten dann mit einem Handgriff in einer schönen Fächerform vor sich ausbreiten und diese Karten ziehen, die Sie bei Ihrer Frage ansprechen. Das sieht auch schön aus, wenn Sie für jemanden die Karten legen, der diese dann bequem von gegenüber aus dem Fächer herauszieht.

Sie können die Karten auch nach dem Mischen in der Hand behalten und sie dort leicht auseinanderfächern, um die gewünschte Karte zu ziehen.

Das ist aber nicht so bequem, und wenn Sie jemanden daraus Karten ziehen lassen, wirken Sie vielleicht etwas verkrampft oder Sie lassen dabei einige Karten fallen und müssen noch mal mischen.

Oder Sie entwickeln eine völlig neue, ganz eigene Methode. Alles ist erlaubt! (Hier werden die strengen Karten-Lehrmeister aufschreien und laut anmerken, dass man die Karten nur mit links ziehen darf und überhaupt ... Nun, jeder so, wie er will!)

Versuchen Sie alles, was Sie möchten und bleiben Sie bei dem System, das Ihnen am besten liegt. Ihre Ergebnisse werden Ihnen recht geben.

Und jetzt legen wir richtig los!

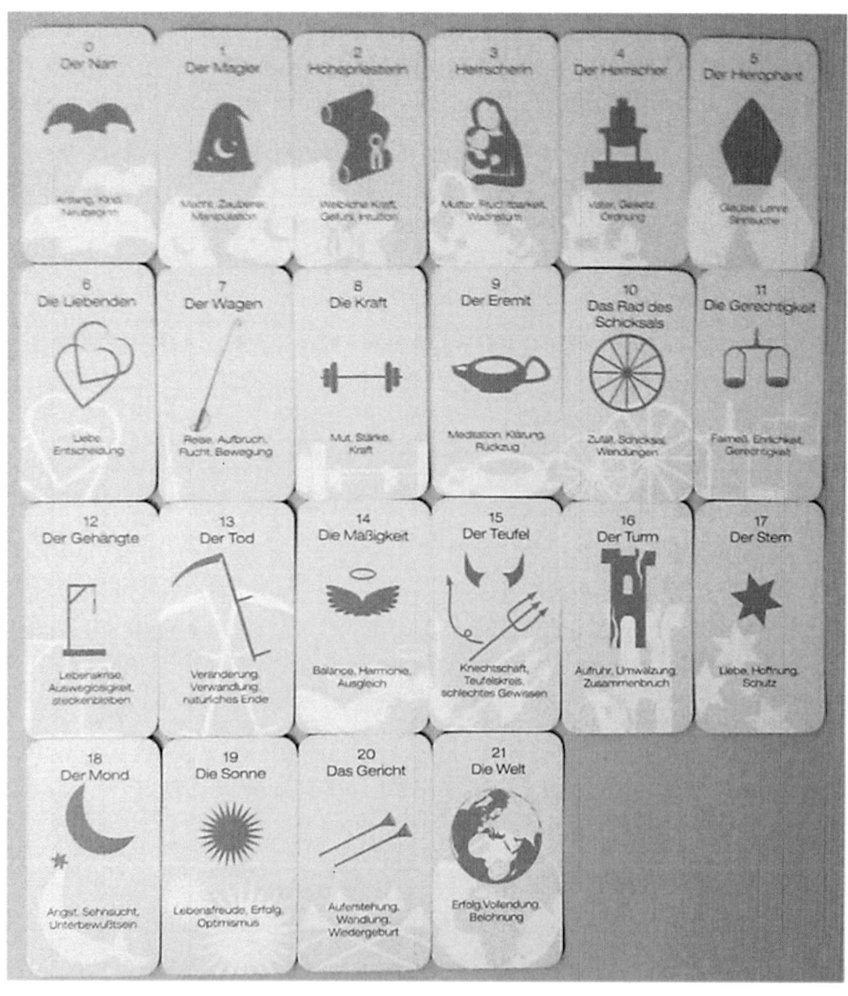

Foto: Die Karten der Großen Arkana meines eigenen Decks

Die Grosse Arkana

Diese »Haupt-Karten« sind in jeder beliebigen Weise ausgeleuchtet und gedeutet worden, die Reihenfolge viel diskutiert; zum Beispiel ergibt sich aus der Reihenfolge der Karten die Entwicklungsreise des Menschen oder eine Einweihung und Sie können auch numerologisch alle möglichen verzwickten Berechnungen mit den Karten anstellen. Aber Sie haben es ja eilig, oder?

Vorerst dürfen Sie also alle diese Dinge vergessen und einfach nur die verschiedenen Karten kennenlernen. (Es ist aber ein interessantes Thema, über das es sich später zu recherchieren lohnt.)

Die 22 Karten der Großen Arkana

0 – Der Narr

Als erste Karte der großen Arkana steht der Narr für den Anfang von etwas oder auch für den Neubeginn. Wenn Sie nach einer Situation fragen, kommt also etwas Neues auf Sie zu.

Der Narr ist auf Reisen, und zwar immer dorthin, wo es ihn gerade hinzieht. Er ist böse gesagt etwas planlos, positiv ausgedrückt jedoch eher spontan.

Er ist mit wenig Gepäck unterwegs, er hält nicht viel von Belastungen und von materiellen Werten (sonst würde er mit großem Gepäck und vielen Wertsachen reisen). Er ist also auch ein einfacher Mensch.

Und er ist unterwegs auf einer Suche oder Reise. Er könnte auch auf der Suche nach sich selbst und seiner Berufung sein. Haben Sie, wenn Sie diese Karten ziehen, möglicherweise noch nicht Ihre wirkliche Bestimmung oder Ihren Platz im Leben gefunden?

Wenn Sie nach dem Beruf fragen, beachten Sie, dass es sich hierbei um eine Reisetätigkeit/Außendienst handeln könnte. Oder natürlich auch mehrere befristete Jobs – Sie nehmen einfach was und wie lange es Ihnen gefällt.

Er ist frei und ungebunden, denn er reist allein – oder ist er bindungsunfähig? Wenn Sie nach einer Beziehung fragen, so ist der Narr kein guter Partner für die Familienplanung. Sobald ihn die große weite Welt ruft, ist er wieder weg und Sie sitzen mit Ihren 10 Kindern allein da.

Wenigstens wird er Ihnen sein Geld da gelassen haben, denn mit solchen Dingen beschwert er sich nicht – falls er es überhaupt einmal zu etwas gebracht hat, das er Ihnen dalassen könnte.

Der Narr ist sorglos, arglos und naiv. Außerdem lässt er sich nichts sagen (er achtet nicht auf die Warnung des kleinen Hundes, der ihn vor dem Abgrund warnt) Es kann auch auf banaler Ebene jemand sein, der schlecht gekleidet ist, oder tatsächlich ein Einfaltspinsel mit wenig Grips.

Aber der Narr ist noch unverfälscht, er hat noch Träume, er ist im Fluss des Lebens und geht, wohin es ihn zieht. Manch einer ist neidisch auf diesen sorglosen Gesellen. Vielleicht auch Sie?

Wünschen Sie sich nicht manchmal, mit dem Narren zu tauschen und ein wenig egoistisch zu sein, einfach zu tun, was Ihnen gefällt?

Beachten Sie diese geheimen Wünsche auch bei der Ziehung der Karte. Vielleicht handelt es sich um einen wichtigen Hinweis, dass Sie einmal alle Fünfe gerade sein lassen und ein wenig das Leben genießen sollen.

Vielleicht haben Sie die Karten auch nach jemandem gefragt oder die Karte gibt von sich aus einen Hinweis. Denken Sie kurz nach: Welche Narren kennen Sie? Es fallen Ihnen hier bestimmt noch mehr Stichworte ein, als Sie zuerst vermuten. Schauen Sie sich das Bild noch mal genau an.

Wenn Sie sich zu dieser Karte nur ein Stichwort merken möchten, dann versuchen Sie es doch einmal mit dem Begriff »Kind«, denn so spontan, unschuldig und offen ist der Narr.

1 – Der Magier

Der Magier ist ein attraktiver Mensch, ob Mann oder Frau. Er zieht die Leute in seinen Bann, jedoch nicht mit Freundlichkeit und Kompromissen. Er hat das gewisse Etwas und er bestimmt, wo es langgeht. Er hat die Macht. Er ist attraktiv und willensstark, eventuell dickköpfig. Doch er manipuliert nicht nur und äußert seine Wünsche, er ist auch tatkräftig und setzt durch, was er sich in den Kopf gesetzt hat.

Natürlich hat er es im Leben leicht, denn er ist charmant und charismatisch. Er gelangt immer zum Ziel.

Wie auch beim Narren kann die Karte Ihnen jetzt schon einen Hinweis auf eine bestimmte Person in Ihrem Umfeld gegeben haben (Ihre Arbeitskollegen oder Ihr Partner manipulieren Sie und wickeln Sie um den kleinen Finger?) oder zeigt Ihnen, dass Sie vielleicht einmal Ihre innere Stärke finden sollten und Ihre eigenen Wünschen besser durchsetzen.

Berücksichtigen Sie hier auch die Möglichkeit, dass es sich tatsächlich um jemanden handelt, der Magie ausübt – oder es zumindest versucht. Es gibt viele Personen auch in unserer Zeit, die sich anhand von Büchern ein wenig angebliches Wissen über Magie aneignen und ihr Umfeld mit dem einen oder anderen Zauber zu manipulieren versuchen. Die Karte des Magiers bietet hierfür von allen Karten den bestmöglichen Hinweis darauf.

Es könnte sich jedoch auch um einen Gaukler oder Betrüger handeln. Vielleicht haben Sie auch vor, einen historischen Markt zu besuchen oder in ein Varieté zu gehen, wo Sie einen Bühnenzauberer live erleben können.

Seltener kann die Karte auch auf einen Schauspieler hin weisen – möchten Sie diesen Beruf erlernen oder sind Sie jemand, der in einer Laientheatergruppe spielt? Vielleicht treffen Sie auch Brad Pitt, aber darauf würde ich mich nicht verlassen ☺

Schlussendlich besteht natürlich die Chance, dass Sie auf einer Ihrer Reisen einem echten Schamanen oder Schwarzmagier begegnen –

Sie haben doch nicht etwa auf eine einschlägige Annonce in der Zeitung reagiert?

Die harmlosere Variante wäre, dass Sie einem Künstler begegnen, aber das kann auch schon passieren, wenn Sie im Fotostudio neue Passfotos für die Bewerbung machen lassen – dann sehen Sie den Magier vor sich, wie er altmodisch den Stab erhebt, wo früher der Fotograf den Blitz ausgelöst hat ... Oder wen sehen Sie in dieser Karte?

Wenn Sie sich zu dieser Karte nur einen Begriff merken möchten, dann versuchen Sie es doch einmal mit dem märchenhaften Zauberer, der sich alles herbeizaubern kann, was er will, der die Achtung und Bewunderung seiner Anhänger und auch seiner Feinde hat und der selbst nicht an seinen Fähigkeiten zweifelt.

2 – Die Hohepriesterin

Sie ist die weibliche Kraft. Sie hat Gefühl, Intuition, ist eventuell prophetisch veranlagt und auch weise. Denken Sie an die alten Zeiten, in denen die Priesterinnen der verschiedenen Kulte im Tempel den Göttern gedient haben. In der Stille, mit Geduld und unauffällig. Bescheiden, stets hilfreich und zu Diensten - wenn man an das Orakel von Delphi denkt, wo sich die Priesterin im Trancezustand die Antwort der Götter auf die Fragen der verzweifelten Besucher geholt hat.

Die Hohepriesterin hat auch etwas Geheimnisvolles, sie ist immerhin die Hüterin des alten Wissens. (Beachten Sie die Schriftrolle bzw. das Buch, das sie im Bild auf ihrem Schoß hat).

Geht es in Ihrer Frage um ein Geheimnis? Brauchen Sie Rat von einer weisen Frau? Waren Sie oder wollten Sie zu einer Wahrsagerin? Haben Sie eine Freundin oder Verwandte, auf die die Charaktereigenschaften der Hohepriesterin zutreffen? Dann können Sie sich auf jeden Fall Hilfe suchend an sie wenden.

Aber die Hohepriesterin steht auch für Passivität und das Unterbewusstsein. Und will Ihnen damit auch etwas sagen: Wissen Sie eigentlich, dass Sie sich oft oder gerade in dieser speziellen Angelegenheit viel zu passiv verhalten und zur Lösung Ihrer Frage selbst beitragen könnten, wenn Sie nicht nur vor sich hinträumen würden?

Bei mir selbst kommt die Karte zum Beispiel immer mit derselben Botschaft: »Frag nicht so blöd, Du weißt doch selber schon Bescheid!« Nehmen Sie sich diesen Hinweis zu Herzen. Die Karte weist Sie darauf hin, dass die Antwort auf Ihre Frage bereits in Ihrem Inneren schlummert.

Sollten Sie zu den heißblütigeren, ungeduldigen Menschen gehören und Sie nun eine Karte ziehen, weil sich die Situation etwas verfahren hat, dann sagt sie Ihnen das Gegenteil: nämlich, dass Sie so nicht weiterkommen. Hören Sie auf ihr Innerstes oder auf den weisen Rat von geduldigeren Menschen als Sie einer sind, dann wird alles wieder gut.

Wenn Sie sich zu dieser Karte nur einen Begriff merken möchten, dann versuchen Sie es doch einmal mit dem Wort »Intuition«, oder wenn Sie lieber an eine Person denken, dann vielleicht an eine weise, hilfreiche Fee. Denn so intuitiv und geheimnisvoll ist diese Dame.

3 – Die Herrscherin

Sie ist die Mutterfigur. Sie steht für Wachstum, Fruchtbarkeit und eigentlich immer todsicher für Schwangerschaft.

Allerdings muss man nicht nur mit Kindern schwanger gehen, man kann auch lediglich neue Projekte ausbrüten, die man von langer Hand geplant hat und unter dem Einfluss der Herrscherin nun endlich auf die Welt loslässt. Die Zeit der Reife ist beinahe um und Sie sollten jetzt Ihre Pläne in die Tat umsetzen.

Die Karte hat für Männer natürlich eine ähnliche Bedeutung. Auch Männer können mit Projekten schwanger gehen, wenn die Karte nicht gerade dezent darauf hinweisen will, dass der betreffende Mann gerade jemanden geschwängert hat.

Oder sind Sie als Mann so ein seltenes Exemplar, welches seine Geliebte auf Händen trägt und wie eine Königin behandelt? Dann ist das genau der Hinweis, den Ihnen die Karte geben möchte – oder auch Ihrer Frau, wenn sie danach fragt.

Achten Sie auch hier auf die verschiedenen möglichen Assoziationen: Handelt es sich eventuell um eine schwangere Freundin, der man beistehen möchte (egal ob der Frager ein Mann oder eine Frau ist) auch wenn der Frager nicht der Vater ist?

Die Herrscherin ist allerdings auch genusssüchtig und hat gern Luxus um sich. Wie eine richtige Königin. Stellen Sie sich nur die bekannte Ägypterin Cleopatra vor. Sie war nicht einfach nur eine Herrscherin, sie schwelgte auch in verschwenderischem Luxus.

Unsere Herrscherin auf der Karte kann nicht nur schwanger, sondern auch reich und verschwenderisch sein. Vielleicht vermehrt sich bei dieser Dame das Geld besonders gut und sie hat auch einiges auszugeben.

Wenn Sie sich eine echte Herrscherin vorstellen, dann fallen Ihnen sicher hierzu noch weitere Assoziationen ein. Beachten Sie auch, dass die Karte Sie vor einer ungewollten Schwangerschaft warnen könnte oder einfach Ihre Pläne übertrieben findet, da Sie nun schon mit dem hundertsten Projekt »schwanger gehen« ohne die anderen beendet zu haben. Für Künstler ist das jedoch ein gutes Zeichen: Sie haben so viele Ideen, die nie versiegen, da brauchen Sie sich keine Gedanken um eine kreative Blockade zu machen. Sie sind in dieser Hinsicht dauerschwanger.

Und die Karte beinhaltet noch eine weitere Warnung: Verhalten Sie sich nicht wie eine Luxusprinzessin, bleiben Sie ein wenig auf dem Boden der Tatsachen!

Wenn Sie sich zu dieser Karte nur einen Begriff merken möchten, dann versuchen Sie es doch einmal mit dem Wort »Wachstum«, wenn Sie lieber an ein Bild denken möchten, dann denken Sie an Ihre Mutter.

4 – Der Herrscher

Hier haben wir das Pendant zur Herrscherin. Der König persönlich gibt sich in dieser Karte die Ehre. Er steht natürlich für Macht und Gesetz, für Struktur und Ordnung.

Als »Ordnungshüter« könnte er Ihnen auch als Polizist, Anwalt oder Ähnliches erscheinen.

Erwarten Sie hier keine großen Emotionen. Der Herrscher ist ein Kopfmensch, schließlich hat er ein großes Land zu regieren und ist ständig mit Strategien und nicht mit Gefühlen beschäftigt. Es gibt Kriege zu führen und Länder zu erobern. Auch die Untertanen wollen beherrscht werden. Der König ist kein Schmusekater.

Aber denken Sie bei der Ziehung dieser Karte nicht zu einseitig. Es gibt auch freundlichere Könige, die das Land mit einer Spur mehr Herz regieren und die versuchen, weise und gerecht zu regieren.

Die Karte darf nicht zu negativ oder zu tyrannisch interpretiert werden, auch wenn dies natürlich tatsächlich eine der Bedeutungen sein kann, die genau in diesem Moment bei Ihrer Ziehung zutreffend ist.

Fragen Sie sich, wenn diese Karte auftaucht: Welche Person hat emotional oder tatsächlich so viel Macht über Sie? Ihr Partner, der Ihnen mal wieder seine Meinung aufzwingt? Ihr Vater, der Ihnen sagt, wo es im Leben langgeht? Ihr Chef, der Ihnen wieder mal in die Arbeit reinredet?

Jemand beherrscht oder tyrannisiert Sie? Sie werden gegängelt, weil da jemand ist, der Ihnen stets befiehlt, was zu tun ist?

Prüfen Sie, ob das für Sie gut ist (weil Sie selbst vom Thema keine Ahnung haben und dieser Person vertrauen, auch wenn sie nicht immer den richtigen Ton trifft) oder ob es schlecht für Sie ist (weil Sie selbst nur zu faul sind, das Thema selbst in Angriff zu nehmen). Und wenn Sie diese Antwort für sich gefunden haben, dann setzen Sie die Lösung in die Tat um. Lassen Sie sich stets weise leiten oder bei Bedarf helfen, aber niemals tyrannisieren.

Und natürlich stellt sich wie bei jeder Karte die Frage, ob Sie bei der Ziehung mit dieser Karte nicht selbst gemeint sind. Wenn Sie der weise Herrscher sind, ist das kein Problem. Wenn Sie ein Tyrann sind, sollten Sie schleunigst umdenken!

Wenn Sie sich zu dieser Karte nur ein Wort merken möchten, dann versuchen Sie es doch einmal mit »Bestimmung« oder »Ordnung« und bildlich gesprochen, denken Sie an Ihren Vater, das Oberhaupt der Familie, der im Zweifelsfall Recht spricht, wenn Sie sich mit Ihren Geschwistern in den Haaren liegen, der für geordnete Verhältnisse sorgt und die ganze Familie be- und überwacht – im positiven wie auch manchmal im negativen Sinn.

5 – Der Hierophant (Hohepriester)

Der Pfarrer oder Priester auf seinem Thron unterweist seine Glaubensbrüder und gibt Ihnen spirituellen Rat und Hoffnung weiter, wie man auf dem Bild erkennen kann.

Wenn Sie hier nur einen Pfarrer sehen und dabei an die bevorstehende Hochzeit, Taufe oder Firmung denken, ist das schon mal nicht schlecht. Sie könnten auch mal wieder zur Beichte gehen oder sich einfach mit Ihrem Problem einem Geistlichen anvertrauen, wenn Sie sich Hilfe davon versprechen. Oder möchten Sie gar diesen Beruf ergreifen?

Aber denken Sie über das Bild hinaus auch weiter: Wie wäre es mit dem Thema Religion an sich - wollen Sie aus der Kirche austreten oder einer Sekte beitreten? Oder vielleicht die Religion Ihrem neuen Partner zuliebe wechseln?.

Oder geht es bei Ihnen eher um die Moral - haben Sie etwas Verwerfliches getan oder planen Sie etwas Unmoralisches, auch wenn Sie es sich selbst nicht unbedingt eingestehen? (Aber die Karte hat Sie ertappt, oder nicht?)

Oder es geht wie schon angedeutet um die Spiritualität (beschäftigen Sie sich mit Esoterik oder stehen Sie vor der Überlegung, ob das etwa Gefahren bergen könnte?)

Vielleicht denken Sie auch über Traditionen nach (sind Sie sehr konservativ?) oder Sie beschäftigen sich im entfernten Sinne einfach mit Schule oder Erziehung oder Lehre?

Egal, um welchen Bereich es sich speziell handelt, lassen Sie sich bei allen diesen Themen vom Stichwort »Sinnsuche« leiten. Dem Sinn hinter dem Glauben oder dem Beruf. Aber alles muss oder sollte für Sie einen Sinn machen.

Vielleicht zeigt die Karte ja auch, dass soeben ein geliebter Mensch verstorben ist und Sie nun auf der Suche nach dem Sinn des Lebens und des Todes sind.

Es ist auch schon vorgekommen, dass es in Fragen um Personen ging, die in der Kirche gegen Geld Messen lesen lassen ... Oder möchten Sie an die Kirche etwas spenden oder einer kirchlichen Organisation beitreten. Sie könnten ja auch in den Kirchenchor gehen.

Wenn Sie sich zu dieser Karte nur einen Begriff merken möchten, dann versuchen Sie es mit »Sinnsuche« oder bleiben Sie beim Bild des Pfarrers, denn um diesen geht es ja hier auch.

6 – Die Liebenden

Hier geht es natürlich um die Liebe. Im positiven Fall sind Sie verliebt, total vernarrt und haben endlich Ihren Traumpartner gefunden. Im schlechtesten Fall sind Sie sind gelähmt vor Sehnsucht nach Ihrem Ex und denken destruktiv, weil Sie befürchten, nie wieder eine solche Beziehung zu haben?

Womöglich leben Sie in Gedanken in dieser Beziehung weiter und bieten dem Schicksal somit keine Chance, Ihnen einen neuen, besser geeigneten Partner zuzuführen. Das ist sehr schade.

Doch es geht nicht nur um die gegengeschlechtliche Liebe, sondern um die Liebe an sich. Sie haben eine besondere Beziehung zu einem anderen Menschen, die Ihnen sehr wichtig ist, und aus der Sie auch viel Kraft und Unterstützung erhalten? Eine besonders liebe Freundin vielleicht oder einen Cousin, der Ihnen sehr viel bedeutet?

Gut so. Denn es gibt auch Liebe, die nicht gleichzeitig sexuelles Verlangen beinhaltet.

Die Karte bedeutet aber auch – gemäß ihrem ursprünglichen Namen »Die Entscheidung« – dass Sie sich jetzt entscheiden müssen. Zum Beispiel eine Beziehung einzugehen. Sie heißt oft einfach, dass Sie eine Entscheidung aus dem Bauch heraus treffen, ohne dass der Kopf beteiligt war (das muss nicht immer gut gehen.)

Oder sind da gar mehrere Verehrer, zwischen denen Sie sich nicht entscheiden können, denn jeder hätte etwas Besonderes zu bieten. Oder fahren Sie gar zweigleisig und haben gleich mehrere Eisen im Feuer? Das ist eine weniger schöne Ausgangsposition aber kommt leider durchaus vor.

Denken Sie an die weiteren Schattenseiten der Karte, zum Beispiel eine falsche Entscheidung in der Liebe (Sie kehren zu ihrem Partner zurück, damit Sie nicht einsam sind, obwohl Sie ihn nicht mehr lieben; romantische Unreife; sexuelle Frustration; Trennung trotz Liebe; destruktive Liebe) Die »Entscheidung« ist auch die Hauptbedeutung, wenn die Karte bei mir auftaucht.

Natürlich kann die Karte auch für jede andere Situation erscheinen, in der Sie sich entscheiden müssen. Dann können Sie in der Legung den Partner auch durch den Beruf ersetzen.

Üben Sie einen Beruf aus, den Sie lieben, auch wenn Sie nicht besonders viel verdienen oder arbeiten Sie möglicherweise etwas, was Ihnen überhaupt keinen Spaß macht, nur damit am Ende des Monats das Gehalt stimmt – Tja, Sie haben sich so entschieden, aber vielleicht können Sie Ihre Entscheidung ja auch revidieren, denken Sie mal darüber nach!

Wenn Sie sich für diese Karte nur einen Begriff merken möchten, dann liegt es nahe, dass Sie dabei an »Liebe« denken, besser wäre aber »Entscheidung« als ursprünglicher Begriff für diese Symbolik.

7 – Der Wagen

Das sieht ja ganz nach Reise und Aufbruch aus. Denken Sie an die früheren Streitwagen. Sie sprechen auch von Kampf, Triumph und Sieg. Aber auch von überhastetem, unüberlegtem Aufbruch und dem Drauflosstürmen aus Rache, vom Wunsch nach Vergeltung getrieben.

Warum brechen Sie auf? Eine abschließende Antwort ist hier wie bei jeder anderen Karte natürlich überhaupt nicht möglich. Jeder hat seine eigenen Gründe. Ist es die Flucht vor sich selbst? Oder eine ausgedehnte Reise, im Herzen den Narren aus der Karte oben, nur eben besser geplant.

Oder holen Sie zum großen Vergeltungsschlag aus, um Ihre Feinde alle auf einen Streich zu vernichten und Ihnen alles zurückzuzahlen, was Ihnen jemals jemand angetan hat?

Denken Sie bei all der Flucht und Rache jedoch auch an die etwas alltäglichen Bedeutungen, derer es gerade im Bereich der Fortbewegung natürlich sehr viele gibt:

Machen Sie gerade den Führerschein und sind stolz wie Harry, sehen sich schon am Steuer eines Ferrari? Oder etwas Bodenständiger: Sie bringen Ihr Auto in die Werkstatt (Achtung: versteckter Hinweis auf einen Unfall oder Defekt, den Sie noch nicht bemerkt haben!) oder schrauben gelegentlich selbst daran herum.

Es könnte auch sein, dass man an einem Oldtimer-Treffen oder -Stammtisch oder einer -Ausfahrt eingeladen wird. Vielleicht gehen Sie auch tatsächlich zu einem Autorennen (als Teilnehmer?) oder ins Autohaus, weil Sie sich einen neuen Wagen ansehen wollen ... Sicher fallen Ihnen auch hierzu selbst unendlich viele Stichworte ein.

Die Karte hat übrigens neben all diesen Bedeutungen auch eine zeitverkürzende Wirkung, das bedeutet, dass die Ereignisse schnell eintreffen. Denken Sie an die Schattenseiten: Fahren Sie Auto wie ein Geisteskranker? Es kann sich auch um eine Unfallwarnung handeln!

Wenn Sie sich für diese Karte nur einen Begriff merken möchten, dann versuchen Sie es doch einmal mit dem Wort »Bewegung«, denn dieser beinhaltet sowohl das Voranpreschen als auch die Flucht.

8 – Die Kraft

Die Karte bedeutet vor allem Mut und Kraft (die Frau hält immerhin gefahrlos und mit leichter Hand das Maul des Löwen auf!) und natürlich auch die Tatkraft an sich, nicht nur gegenüber wilden Tieren. Die Frau auf der Karte besiegt mit einfachsten Mitteln den stärkeren Gegner, können Sie das auch? Sind Sie so mutig, dass Sie sich ständig in solch irrwitzige Situationen begeben, um Ihren Mut unter Beweis zu stellen.

Oder sind Sie eigentlich ein kleiner Feigling, was die Karte gerne aufdecken möchte, um Sie daran zu erinnern, dass Sie ruhig etwas mutiger sein könnten. Wenn die Frau im Bild schon einen Löwen bezwingen kann, dann könnten Sie doch auch mal Ihrer Schwiegermutter die Meinung sagen oder dem fiesen Kollegen aus Zimmer 12?

Die Karte spricht aber auch von Kraft im Sinne der Zurückhaltung, also gerade etwas wie zum Beispiel das Obengenannte nicht zu tun. Diese Warnung gilt insbesondere wenn Sie ständig in solch gefährlichen Situationen stecken und immer überall Ihren Mut propagieren müssen.

Schalten Sie mal einen Gang zurück. Anstatt heute noch U-Bahn-Surfing zu betreiben oder mit einem weißen Hai zu kämpfen, könnten Sie den Tag etwas gemächlicher ausklingen lassen und mal wieder ins Kino gehen.

Darüber hinaus spricht die Karte natürlich auch von Leidenschaft und Sex. Wenn Sie die Karten fragen, was Ihr Partner gerade tut und Sie erhalten diese Karte als Antwort, sollten Sie beunruhigt sein – außer er befindet sich gerade in einer Zirkusvorstellung oder im Tierpark. Bedenken Sie immer auch den alltäglichen Aspekt der Karten!

Hier ist es nicht schwierig, sich ein einzelnes Wort zur Karte zu merken, denn natürlich werden Sie hier den Begriff »Kraft« verwenden.

9 – Der Eremit

Das Bild zeigt den alten Mann ganz allein auf dem dunklen Berg. Der Arme! Doch wir dürfen nicht vergessen, dass er nicht vertrieben wurde, sondern freiwillig auf den Berg gestiegen ist und sich auch in der Dunkelheit nicht fürchtet. Er hat sich extra hierher zurückgezogen, um über wichtige Dinge nachzudenken, die er mit seiner Lampe erhellt.

Und er will nicht die Zukunft beleuchten, weil er gar nicht auf der Suche nach Perspektiven ist, sondern weil er die Vergangenheit klären will. Über das Leben nachdenken zum Beispiel. Und über die Fehler. Kann er noch etwas verändern oder sich wenigstens dafür entschuldigen? Und wenn er die früheren Fehler noch mal durchdenkt, dann kann er sie künftig vermeiden.

Ebenso kann er auch eine Lösung für aktuelle Probleme suchen, die er im hektischen Alltag nicht finden kann. Und natürlich denkt der Eremit nicht nur darüber nach, was er anderen möglicherweise angetan hat, sondern auch über die Verletzungen, die man ihm zugefügt hat.

Abgesehen davon gibt es natürlich auch Menschen, die von jeher wie die Eremiten leben. Sie sind mehr im Geistigen zuhause als in der tatsächlichen Welt. Manche ziehen sich in Klöster zurück, um in der Stille bewusst über das eine oder andere nachzudenken.

Sind Sie auch jemand, der über vergangene Fehler und Unrecht nachdenken möchte? Oder ziehen Sie sich immer mehr von anderen Menschen zurück, die Ihr Verhalten gar nicht verstehen? Will die Karte Ihnen sagen, dass es damit jetzt genug ist und Sie wieder von Ihrem Berg herunter kommen sollen?

Überlegen Sie also beim Deuten dieser Karte: Warum ziehen Sie sich zurück? Beziehungsweise denken Sie nach, ob ein Rückzug Ihnen jetzt guttun würde. Kommt die Karte für jemand anderen: Er zieht sich zurück, um über einiges nachzudenken. Lassen Sie ihn in Ruhe.

Wenn Sie sich zu dieser Karte lediglich einen einzigen Begriff merken wollen, dann versuchen Sie es mit »Rückzug«, wer es etwas spiritueller haben möchte, könnte auch »Reflexion« oder Meditation« benutzen.

10 – Das Rad des Schicksals

Diese Karte bzw. das Rad des Schicksals zeigt das Auf und Ab des Lebens. Und meist leider nur solche Umstände, auf die Sie keinen Einfluss haben – Zufall oder Schicksal.

Gerade wenn Sie zum Beispiel nach anderen Personen fragen, auf deren Meinungsbildung Sie keinen Einfluss haben. Dann können Sie nur auf deren Entscheidung warten.

Haben Sie sich etwa beworben? Wie wollen Sie die Stelle bekommen, wenn Sie nicht auf Bestechung zurückgreifen möchten? Und auch das könnte ganz schön in die Hose gehen. Sie können jetzt nur abwarten und hoffen, dass Sie die Stelle bekommen. Doch sogar wenn nicht: Woher wollen Sie wissen, dass das schlecht ist? Das Schicksal hat möglicherweise ein Ass für Sie im Ärmel, das es erst später ausspielen wird.

Die Karte kann Ihnen also nur sagen, dass es in Ihrem Leben auf jeden Fall eine Änderung geben wird. Doch wie wird diese aussehen? Vielleicht ist es nach langer, schwerer Zeit endlich die ersehnte Wendung zum Guten, der glückliche Ausgang einer Angelegenheit. Vielleicht aber auch das Gegenteil (haben Sie etwas auf dem Kerbholz?)

Leider kann es durchaus passieren, dass die Zeiten für Sie noch dunkler und düsterer werden.

Da die Karte Ihr Schicksal andeutet, können Sie hier leider nicht viel machen. Augen zu und durch. Wenn Sie nach einer Person fragen, wird diese sich Ihnen gegenüber immer wieder anders verhalten. Sie ist wie das Rad.

Versuchen Sie ruhig mal, es zu stoppen. Wahrscheinlich müssen Sie es aber hinnehmen, wie es ist. Tragen Sie diese Karte mutig und gelassen. Verzweifeln Sie nicht und warten Sie, was das Schicksal geplant hat. Mehr können Sie ohnehin nicht tun. Ich drücke Ihnen die Daumen!

Wenn Sie sich hierzu einen einzigen Begriff merken möchten, werden Sie selbstverständlich mit dem Wort »Schicksal« arbeiten, weil es nahe liegt und einfach zu kombinieren ist. Oder benutzen Sie das Wort »Wendungen«, das auch offen lässt, in welche Richtung sie das Schicksal führt.

11 – Gerechtigkeit

Hier geht es, wie der Name schon sagt, um Gerechtigkeit. Um Fairness, Ausgewogenheit, Unparteilichkeit und Ehrlichkeit. Ein Richterspruch, ein Gerichtsurteil. Jeder bekommt, was er verdient.

Fragen Sie sich, was Sie angestellt haben: Was haben Sie dafür verdient? Es erwartet Sie Lob und Ehre oder Strafe. Nicht immer gefällt uns das Ergebnis, das diese Karte bringt. Aber es ist ganz sicher fair.

Bedenken Sie wieder den Alltagsaspekt: Haben Sie einen Strafzettel fürs Falschparken bekommen? Musste ihr Vorgesetzter einen Streit schlichten, der nur für einen von beiden gut ausgehen konnte? Steht Ihnen ein Prozess bevor oder haben Sie einfach nur einen Rechtsanwalt aufgesucht, weil sie eine rechtliche Auskunft benötigen?

Vielleicht sollten Sie sich auch fairer verhalten, weil Sie bislang in einer Angelegenheit parteiisch waren oder Sie sollten jetzt endlich mal Partei ergreifen und sich auf die Seite der Gerechten schlagen?

Diese Karte lässt nicht besonders viel Spielraum für Deutungen, zumindest hatte ich noch keine seltsamen Bedeutungen in meinen Legungen, die anderen eventuell als zu weit hergeholt vorgekommen wären. Aber wer weiß, vielleicht erzählt Ihnen die Karte eine völlig neue Bedeutung, die dann nur für Sie persönlich gilt? Nehmen Sie sie dann dankbar an.

Wenn Sie sich zu dieser Karte nur ein einziges Wort merken möchten, so werden Sie natürlich den Namen der Karte selbst benutzen.

12 – Der Gehängte

Betrachten Sie das Bild genau: Der Gehängte ist nur am Fuß aufgehängt und könnte sich mit etwas Anstrengung selbst befreien. Doch dazu ist er nicht in der Lage, auch weil er es überhaupt nicht will.

Der Gehängte steckt in einer Lebenskrise fest, er weiß nicht weiter, sieht keinen Ausweg. Wohin sollte er also gehen, wenn er sich befreit hätte? Er muss zuerst in seiner unbequemen Position verharren, um sich über einige Dinge klar zu werden. Sobald er wieder eine Richtung kennt, kann er den nächsten Schritt unternehmen.

Vielleicht schämt er sich auch oder hat Schimpf und Schande über sich gebracht. Er könnte auch zur Buße in dieser Position verharren. Oder er hängt hier fest, bis er schlicht und einfach eine bessere Idee oder Lösung für seine aktuelle Situation hat.

Er kann auch in Traditionen gefangen sein und deshalb nicht weiterwissen. Man kann auch in nicht selbst verursachten Problemen feststecken. Dann dauert es meist etwas länger, die Lösung zu finden.

Der Gehängte könnte auch nicht nur so hängen, weil er es unbedingt will, sondern weil er zu phlegmatisch und zu faul ist, an seiner Situation etwas zu ändern. Dann hat er möglicherweise noch nicht angefangen, über die Situation nachzudenken, sondern beschränkt sich noch auf Jammern und Verzweiflung. Dabei ist die Lage zwar festgefahren, aber nicht aussichtslos.

Wenn der Gehängte Sie selbst darstellt, dann denken Sie nach: Worin scheinen Sie festzustecken? Oder über was sollten Sie einmal ausgiebig nachdenken, wenn auch nicht in hängender Position?

Sind Sie schon über die Phase des Jammerns hinaus und bereits dabei, eine Lösung zu suchen? Sind Sie zu faul, sich aus einer Position zu befreien, zu phlegmatisch, sich von einem Partner zu trennen oder einen neuen Job zu suchen? Strengen Sie sich an und befreien Sie sich selbst! Oder helfen Sie anderen, die so abhängen.

Beachten Sie aber außerdem auch die Opferhaltung des Gehängten. Die Person, für die diese Karte in der Legung erscheint, spielt vielleicht den Märtyrer. Es kann sein, dass er sich für andere aufopfert. Er tut das, was er tut, mit Hingabe und aus Überzeugung. Falls Sie es sind, der da so hängt: Warum tun Sie das?

Wenn Sie sich zu dieser Karte nur einen Begriff merken möchten, so könnten Sie es mit dem Wort »stecken bleiben« versuchen. Vergessen Sie dabei nicht, dass Ihnen die Karte möglicherweise völlig andere Gesichtspunkte offenbart und diese Karte für Sie etwas anderes beinhaltet, an das Sie sich einfacher erinnern können.

13 – Tod

Keine Panik vor dieser Karte. Zugegeben, sie sieht nicht besonders erfreulich aus und erntet meist keinen Jubel, wenn Sie bei der Legung aufgedeckt wird. Dennoch brauchen Sie keine Angst zu haben.

Auf dem Bild sehen Sie ja bereits, dass Arm und Reich, Jung und Alt vom Tod betroffen sind, dass aber weiter hinten im Hintergrund der Karte bereits wieder zaghaft die Sonne aufgeht. Sie zeigt Ihnen, dass Sie keine Angst haben müssen. Es wird ein neues Morgen geben.

Diese Karte bedeutet nicht sofort und unausweichlich den Tod, obwohl dies natürlich möglich ist. Traurig zwar, aber möglich. Wir alle müssen leider sterben und können auch die, die wir lieben nicht davor bewahren. Doch wie die Sonne uns ja bereits zeigt, wird das Leben auf einer anderen Ebene weitergehen, es endet nicht.

Der Tod will uns hier in der Legung meist etwas anderes sagen: Die Karte bedeutet das natürliche Ende von etwas – einer Beziehung (es wird weitere Beziehungen für Sie geben), der Vergangenheit (das Leben geht weiter, die Zeiten ändern sich, Sie können nicht stagnieren, nichts dauert ewig!), einer Gewohnheit (wollten Sie nicht schon länger das Rauchen aufgeben?)

Die Veränderungen, die jetzt kommen, sind leider unvermeidlich (ganz wie der Tod selbst). Aber dafür wartet etwas Neues auf Sie. Was glauben Sie, werden Sie aufgeben müssen, wenn Sie diese Karte ziehen?

Denken Sie auch daran, dass die Karte hier keine Wertung trifft. Irgendetwas findet sein natürliches Ende, weil es in diesem Falle nicht zu vermeiden war (vielleicht eine Kündigung nachdem Sie sich etwas haben zuschulden kommen lassen; vielleicht eine Beziehung, nachdem Sie fremdgegangen sind).

Aber die Karte wertet nicht, ob dann etwas Besseres nachkommt oder ob Sie schuldig oder unschuldig waren. Das Ende war einfach unvermeidlich – aus welchen Gründen auch immer – und ist jetzt da. Und es wird etwas Neues nachfolgen, weil es immer irgendwie weitergeht, aber die Karte sagt nicht, wie. Das können Sie aus den umliegenden oder dazu gezogenen Karten erfahren.

Und wieder ist auch hier die Alltagsbedeutung auf einer einfacheren Ebene zu suchen. Wenn Sie nur nach einer abendlichen Aktivität fragen oder einer Party, die Sie besuchen wollten, so wird diese bei der Ziehung dieser Karte wohl ins Wasser fallen oder frühzeitig abgebrochen werden.

Aber das ist kein Beinbruch. Die Karte sagt Ihnen einfach, dass es nichts wird und dafür etwas anderes nachkommt (im besten Fall eventuell ein gemütlicher Abend mit einem Überraschungsbesuch auf der Couch oder eine noch viel schönere Party nächste Woche, im schlechtesten Fall ein einsamer Abend über der Steuererklärung). Aber nichts, wovor Sie sich fürchten müssten.

Wenn Sie sich zu dieser Karte lediglich einen Begriff merken möchten, obwohl der Tod selbst schon das treffende Wort ist, so würde ich hier vorschlagen, mit dem Begriff »natürliches Ende« zu arbeiten.

14 – Mässigkeit

Die Karte ist beinahe langweilig. Sie zeigt keine Aktivitäten, Verluste oder Überraschungen an.

Dafür spricht sie aber von Ausgleich (ein Kräftegleichgewicht in Partnerschaft oder Beruf, Sie sind gleichmäßig ausgelastet) und Mäßigung (waren Sie in letzter Zeit zu wild und sollten mal einen Gang zurückschalten?) und Harmonie.

Sie sind ausgeglichen und gelassen und haben Ihren Seelenfrieden gefunden. Sie ruhen in sich selbst, sind ausbalanciert sind geduldig, warten einfach ab, was auf Sie zukommt. Und falls Sie gerade das n i c h t tun, ist Ihnen ja klar, auf was die Karte sie aufmerksam machen möchte ...

Es herrscht hier einfach Alltagsstimmung – auch in der Beziehung. Hier prickelt es wohl gerade nicht mehr. Sie sind aneinander gewöhnt und verkehren freundschaftlich – wo ist Ihre Leidenschaft geblieben?

Da die Karte uns bildlich einen Engel zeigt, können wir hier auch einen Schutz erwarten. Man passt auf uns auf, man unterstützt uns und führt uns zu den positiven Eigenschaften, die die Karte uns zeigt.

Die Karte bittet Sie, geduldig zu sein – möglicherweise, wenn sie in der Legung auf die Frage nach einer Beziehung erscheint. Sie erwarten wohl einfach zu viel auf einmal. Mäßigen Sie Ihr Temperament, sind Sie geduldig und warten Sie ab, bis der Partner auf Sie zukommt. Überstürzen Sie nichts.

Für diese Karte möchten Sie sich vielleicht den Begriff »Ausgleich« oder »Harmonie« merken.

15 – Teufel

Genau wie der Tod erntet die Karte des Teufels nicht gerade Begeisterungsrufe, wenn Sie in einer Legung erscheint. Schließlich haftet dem Teufel etwas ziemlich Negatives an.

Unter anderem hat die Karte auch die Bedeutung von Krieg, Hass und Unglück, also wahrlich kein Grund zur Freude.

Dennoch: Möglicherweise haben Sie schon davon gehört, dass man auch sagt, der Teufel sitzt in einem selbst. Zumindest für die Kartendeutung müssen wir auf diesem Satz aufbauen, denn die Karte spricht nicht davon, dass Ihnen irgendein Teufel oder Dämon etwas antut, sondern davon, dass Sie sich selber etwas eingebrockt haben.

Wie das Bild uns so schön zeigt, sind die Personen darauf an den Teufel gekettet – allerdings so locker, dass sie sich jederzeit befreien könnten, wenn sie nur wollten. Und das ist der Knackpunkt.

Sie leiden, sind depressiv und möglicherweise in Ihren eigenen Wahnvorstellungen gefangen. Ihre Gedanken drehen sich sprichwörtlich im (Teufels-)kreis. Und wer könnte diesen Kreis unterbrechen? Nun ja, Sie selbst natürlich. Sie hängen da an Dingen, Situationen oder Personen, über die Sie sich permanent den Kopf zerbrechen, die aber nicht gut für Sie sind.

Vielleicht haben Sie wirklich etwas ausgefressen und Ihr schlechtes Gewissen plagt Sie nun Tag und Nacht. Nun, Sie könnten versuchen, sich zu entschuldigen und die Sache wieder zurechtrücken. Stattdessen hängen Sie in Ihrer eigenen kleinen Hölle fest und wollen Ihren Kopf nicht aus der Schlinge ziehen. Die Karte möchte Sie dringend darauf hinweisen, aus dieser Knechtschaft auszubrechen.

Die Sache ist aber leider noch etwas schlimmer. Denn jetzt kommt bei der Bedeutung noch die sexuelle Komponente hinzu: Halten Sie eine Beziehung nur des Sexes wegen aufrecht? Sind Sie Ihrem Partner hörig? Haben Sie mit Perversionen zu tun?

Und als ob das nicht schon genug wäre, könnte die Karte auch noch darauf hinweisen, dass Sie anderen gegenüber ausgerechnet Ihre schlechtesten Seiten hervorkehren: Sie sind materialistisch, gierig, tyrannisch und bringen auch sonst jede Schattenseite hervor, die Sie nur in sich finden können.

Bitte versuchen Sie, wieder Ihre angenehmen Seiten hervorzubringen!

Wenn Sie sich für diese Karte nur einen Begriff merken möchten, so könnten Sie es mit dem sprichwörtlichen »Teufelskreis« versuchen.

16 – Der Turm

Wenn die Freude beim Ziehen der Karten »Tod« und »Teufel« schon nicht gerade überwältigend war, so kommt leider noch eine Karte nach, die nicht nach jedermanns Geschmack ist. Dennoch darf man sich auch vor ihr nicht fürchten. Keine der Karten ist wirklich schlecht.

Wir sehen auf dem Bild einen Turm, in den der Blitz einschlägt und aus dem die Leute herunterfallen. Kein schöner Anblick. Es hat etwas vom 11. September. Und die Karte ist auch ernst.

Jetzt brechen harte Zeiten für Sie an. Alles, was stabil war, bricht auseinander. Ihre Beziehungen gehen meist im Streit auseinander, Ihre Finanzen gehen den Bach runter, Ihre ganzen Gedankengebäude brechen in sich zusammen wie Kartenhäuser, Ihre Träume zerplatzen wie Seifenblasen.

Alles in Ihnen und um Sie herum ist in Aufruhr. Und das ist zunächst schrecklich für Sie. Alles Bekannte um Sie herum bricht auseinander und Sie müssen zusehen, wie Sie Ihr Leben neu organisieren.

Doch bitte malen Sie nicht zu schwarz: Sehen Sie jetzt nicht nur Katastrophen, Unfälle, Ruin und Kündigungen: Der Blitz, der in den Turm einschlägt, bringt auch die spontane Erleuchtung und Befreiung. Stellen Sie sich einen Geistesblitz vor. Der ist positiv und zieht entsprechende Möglichkeiten nach sich, wenn man der Eingebung folgt.

Sie können jetzt etwas völlig Neues beginnen, neue Ideen entwickeln, neue Beziehungen anbändeln, eine neue Stelle antreten, die Sie schon immer wollten. Erst wenn Sie alten Ballast abwerfen (wenn auch nicht ganz freiwillig, wie die Karte ja deutlich zu verstehen gibt) sind Sie frei, sich und Ihr Leben neu zu organisieren und die notwendigen Veränderungen einzuleiten.

Versuchen Sie, diesem Aspekt das Beste abzugewinnen. Die Karte will Ihnen Mut machen, Sie geben nicht alles freiwillig auf, aber Sie sollten die Chance nutzen! Trauen Sie sich jetzt und starten Sie durch!

Vielleicht haben Sie sich schon viel zu lange in Ihren bequemen Gedankengebäuden und in schalen Beziehungen und nervigen Jobs versteckt, weil es eben bequem war. Nun sind Sie gezwungen, etwas zu tun. Ziehen Sie es auch durch!

Und denken Sie auch trotz all der oben genannten Hinweise wieder auf einer alltäglichen Ebene, die durchaus auch gemeint sein kann: Ist ein Übeltäter endlich entlarvt worden, weil die anderen vom Blitz der Erkenntnis getroffen worden sind?

Oder haben Sie endlich den Durchblick in einer bestimmten Situation und wachen mit Schrecken auf? Sie haben wohl einen Fehler gemacht, der Ihnen soeben bewusst geworden ist. Nun, Sie werden den Fehler nicht noch einmal machen. Bleiben Sie nicht erschrocken stehen, sondern überlegen Sie gleich, was nun zu tun ist!

Die Karte will Sie nicht nur Unglück warnen, sondern Sie auch auffordern, das Notwendige zu tun!

Wenn Sie sich für diese Karte nur einen Begriff merken möchten, so versuchen Sie es mit dem Wort »Zusammenbruch«, denn ein oder mehrere Teile Ihres Lebens werden von der Karte be- und getroffen sein und unter dem Blitz der Erkenntnis im wahrsten Sinne des Wortes zusammenbrechen.

17 – Der Stern

Nach den ziemlich aufrüttelnden Karten haben wir hier eine sehr schöne Karte, die kaum negativ behaftet ist. Denn der Stern ist eine Schutzkarte. Er verspricht Hoffnung, Heilung, Liebe und gute Gesundheit. Egal, nach was Sie auch fragen, die Situation geht gut aus. Dennoch birgt jede Karte zwei Seiten in sich und wieder dürfen Sie nicht vergessen, diese auch zu beachten.

Achten Sie aber auch auf die Schattenseiten des Sterns: Sind Ihre Hoffnungen in dieser speziellen Situation unbegründet? Dann will die Karte Ihnen hier keine Hoffnung machen, sondern Ihnen zeigen, dass Ihre Hoffnung in dieser ausweglosen Situation übertrieben ist.

Für Anfänger ist das schwierig, und auch Fortgeschrittene würden lieber allein die positive Bedeutung sehen. Ziehen Sie im Zweifelsfall eine Zusatzkarte, um ganz sicher zu sein, dass Sie sich bei der Legung nicht in etwas hineinsteigern – auch das ist eine der Warnungen der Karte.

Möglicherweise will Ihnen die Karte auch sagen, dass eine Heilung ausgeschlossen ist und Sie die Hoffnung lieber fahren lassen sollten. Besser ist es, auch hier noch eine Zusatzkarte zu ziehen, um ganz sicher zu gehen.

Nun kommen wir noch zu der etwas alltäglicheren Bedeutung der Karte. Sterne findet ja man hauptsächlich abends am Himmel.

Wollte die Karte Ihnen einen Hinweis auf eine nächtliche (romantische?) Unternehmung geben? Oder Sie davor warnen? Achten Sie auch hier wieder im Zweifelsfall auf die umliegenden Karten (in einem großen Legebild) oder ziehen Sie zur Sicherheit eine Zusatzkarte, um weitere Informationen zu erhalten.

Da es Sterne gibt wie Sand am Meer könnten Sie hier auch die zahlenmäßige Bedeutung in Ihre Deutung mit einbeziehen. Wenn Sie zum Beispiel nach zukünftigen Kindern gefragt haben, könnte der Stern sagen, dass es viele sein werden. Oder Sie erkundigen sich nach Verehrern, weil Sie glauben, dass niemand Sie gern hat. Doch der Stern sagt, dass da viele sind. Vielleicht aber nicht immer sichtbar ...

Für diese Karte könnten Sie sich beispielsweise als Gedächtnisstütze den Begriff »Hoffnung« merken – oder auch den »Schutz« (als solcher taucht er bei meinen Legungen am häufigsten auf, dann sind die umliegenden Karten nicht so schlimm zu bewerten, denn es bleibt der Hoffnungsschimmer und ein guter Geist hält seine schützende Hand über den Fragenden).

18 – Der Mond

Der Mond steht für das Unbewusste, für unsere Seele. Aber nicht wie die Hohepriesterin für intuitive Weisheit, sondern eher für unsere unterschwelligen Ängste und Albträume.

Die Karte kann Ihnen Ängste anzeigen, die Sie bisher immer verschwiegen haben und Sie auf Ihre Albträume aufmerksam machen, die Sie tagsüber immer zu verdrängen versuchen. Stellen Sie sich der Angst: Wovor fürchten Sie sich? Da der Mond auch für die Psyche steht, müssen Sie prüfen, ob Sie möglicherweise an Depressionen leiden oder dazu neigen. Lassen Sie sich notfalls professionell helfen!

Der Mond steht daneben auch für Illusionen und Halluzinationen. Beinahe wie beim Teufel haben Sie sich möglicherweise in romantische Vorstellungen einer erwünschten, aber aussichtslosen Beziehung geflüchtet. Oder Sie haben tatsächlich Halluzinationen. Haben Sie möglicherweise das Zweite Gesicht?

Sind Sie in der Lage, mit Geistern zu sprechen? Zugegeben, dieser Aspekt wird nicht sehr oft die Hauptbedeutung ausmachen, dennoch gibt es solche Personen, und während Sie noch am Üben sind, müssen Sie auch eine solche Bedeutung zumindest in Betrachtung ziehen. Wer weiß, welcher Fragesteller Ihnen da gerade gegenübersitzt?

Aber natürlich hat der Mond hat auch positive Aspekte: zum Beispiel Romantik und natürlich auch Sehnsucht.

Manchmal sind auch mehrere der Bedeutungen miteinander verbunden wie beispielsweise bei der Sehnsucht nach etwas, das einem eigentlich Angst macht.

Und weil es so tief im Unterbewusstsein sitzt, kann man es meist nicht einmal erklären oder vor sich selbst zugegen. Manchmal dagegen schon: Wünschen Sie sich zum Beispiel einen bestimmten Partner, den Sie aber nicht haben können, und sind verzweifelt ...?

Bei dieser Karte möchten Sie sich vielleicht den Begriff »Unterbewusstsein« merken, weil von dort Ängste und Sehnsüchte aber auch Illusionen oder Halluzinationen herkommen.

19 – Die Sonne

Die Sonne steht wieder für die positiven Aspekte des Lebens: Sie steht nicht nur für die pure Lebensfreude, sondern unter anderem auch für Erfolg (Sie haben eine Zusage auf Ihre Bewerbung erhalten? Sie wurden befördert?), Hochzeit (Ihr Antrag wurde angenommen? Oder steht das große Ereignis bereits direkt vor der Tür?)

Sie erwarten Kinder (ihr Test war heute positiv? Oder der Geburtstermin ist jetzt da, auch wenn Sie es selbst noch nicht wissen? Vielleicht haben Sie auch adoptiert und die Karte zeigt an, dass Sie das Kind jetzt bekommen werden) Oder planen Sie möglicherweise einen Urlaub?

Der Himmel hängt für Sie jedenfalls im Moment voller Geigen. Sie sind optimistisch, zuversichtlich und glücklich.

Auch für die Alltagsbedeutung haben Sie bei den Rider Karten wieder ein schönes Symbol, da auf dem Bild ein Kind zu sehen ist, das auf einem Pferd reitet.

Sind Sie tatsächlich Reiter und die Karte bedeutet für Sie speziell immer einen Hinweis auf einen Ausritt, ein Turnier oder einen Ausflug zur Rennbahn? Planen Sie einen Reiterurlaub? Oder sind Sie Pferdezüchter? Vielleicht möchten Sie auch einen solchen Beruf ergreifen?

Oder planen Sie einen Besuch im Freizeitpark und die Karte zeigt Ihre Kinder im Jahrmarktskarussell auf dem Rücken eines Pferdes? Übersehen Sie nicht diese so offensichtlich versteckten kleinen Andeutungen – die Karte versucht, mit Ihnen zu kommunizieren!

Wenn Sie sich bei dieser Karte nur einen Begriff merken möchten, so könnten Sie es mit dem Wort »Optimismus« versuchen. Denn die Karte verspricht Gelingen und Freude.

20 – Das Gericht

Diese Karte zeigt Ihnen einen tiefen Wandel an, eine Wiedergeburt. Die Karte gibt Ihnen den Hinweis, dass Sie mit dem Wandel ohnehin schon begonnen haben, oder zeigt Ihnen jetzt die Notwendigkeit dazu.

Sie haben einen Impuls erhalten, sich von innen heraus zu verändern und zu erneuern. Hören Sie auf Ihre innere Stimme und verändern Sie einige Dinge in Ihrem Leben zum Positiven.

Ihre Einstellung ist danach möglicherweise völlig neu und hat sich um 180 Grad gewendet, aber eben auch verbessert. Denn Sie wandeln sich zum Positiven aus Überzeugung. Sie packen das Leben neu an, geleitet von Ihrer inneren Stimme und mit neuem Mut und frischer Tatkraft. Sie fühlen sich wie neugeboren.

Möglicherweise haben Sie spirituelle Fortschritte gemacht, interessieren sich vielleicht auch seit Neuestem für das Leben nach dem Tod. Warum nicht. Hier gibt es auch einiges zu entdecken und zu lernen und es kann Ihnen auch bei der Verarbeitung von Trauer weiterhelfen, wenn Ihnen Ihre Lieben schon vorangegangen sind.

Gerade dann bekommen Sie durch die Beschäftigung mit diesem Thema möglicherweise ein völlig neues Verständnis vom Leben und möchten das Ihre auch danach ausrichten.

Stellen Sie sich hierzu wie auf dem Bild zu sehen das Jüngste Gericht vor. Die Menschen mussten zuerst sterben, bevor sie zum Jüngsten Gericht wieder auferweckt werden konnten.

Und zwar geläutert und gewandelt. Sie haben Ballast und alte Angewohnheiten hinter sich gelassen und die Seele beginnt ein völlig neues und radikal anderes Leben als das, das sie hinter sich gelassen hat.

Tun Sie es ihr nach, folgen Sie dem Ruf Ihrer inneren Stimme und lassen Sie auch alles hinter sich und beginnen Sie neu – und auf einer höheren Ebene. Es kommt jetzt ein Umbruch auf Sie zu. Bei diesem könnten Sie viel verlieren, zugegeben, aber Sie können auch dazugewinnen. Haben Sie keine Angst, da müssen Sie jetzt durch.

Wenn Sie sich für diese Karte nur einen Begriff merken möchten, so könnten Sie es mit »Wiedergeburt« versuchen. Wenn Ihnen dieser Begriff zu religiös erscheint, so sollten Sie vielleicht das Wort »Wandlung« verwenden.

21 – Die Welt

»Die Welt« ist die letzte Karte und vollendet damit den Zyklus, genau diese Symbolik will sie auch darstellen.

Sie verspricht dem tapferen und eigendynamischen Menschen das Erreichen des gesetzten Zieles, einen großen Erfolg nach vollbrachter Anstrengung, die Vollendung eines Projektes und möglicherweise eine Belohnung.

Sie stehen an der Spitze des Erfolges. Genießen Sie Lob oder Triumph nach Ihrer erfolgreichen Anstrengung. Sie haben die Belohnung für Ihre Leistung eingeheimst und sind zufrieden mit sich und der Welt.

Sie sind so glücklich, dass beinahe paradiesische Zustände herrschen. Alles um Sie herum ist reine Harmonie. Sie können sich glücklich schätzen.

Die Welt bedeutet manchmal auch die Zusammenführung mit verflossenen Partnern, eine erfolgreiche Wiedervereinigung und somit auch das Ende eines Zyklus. Oder aber (wenn Sie sich wohler dabei fühlen) das zufriedene Alleinsein – frei und glücklich. Was wählen Sie?

Leider birgt diese Karte auch eine Schattenseite: Wer soviel Eigendynamik entwickelt und so strikt auf sein Ziel zusteuert und so dringend nach der Belohnung am Ende der Mühen lechzt, der steht manchmal am Ende allein da. Und das nicht immer zufrieden.

Man schottet sich vor der Welt ab und macht alles ganz allein. Wie der einsame Wolf streift man auf der Suche nach neuen Projekten von

Erfolg zu Erfolg und lässt andere wichtige Bereiche des Lebens außer Acht. Das ist schade.

Wie immer zeigt Ihnen die Karte beide Seiten. Und nur Sie selbst, die Sie sich ja am besten kennen, können in sich horchen und nachfühlen, ob Sie wirklich zu zielstrebig und zu erfolgsorientiert sind und sich der Gefahr aussetzen, allein zu sein oder ob Sie um Erfolge für die Gemeinschaft oder Allgemeinheit ringen und im harmonischen Kreis Ihrer Lieben Ihre Erfolge feiern. Behalten Sie beide Bedeutungen im Auge.

Ganz profan können Sie sich merken, dass jetzt etwas beendet ist. Somit wird auch automatisch etwas Neues beginnen.

Anders als bei der Karte »Tod« haben wir hier aber kein schmerzhaftes und manchmal plötzliches Ende, sondern das verdiente und meist geplante, also absichtliche Ende einer Anstrengung, die wir mit Erfolg gemeistert haben und auf die wir stolz sein können.

Wenn Sie diese Karte auf einen Nenner bringen möchten, so sollten Sie eventuell mit dem Wort »Vollendung« arbeiten.

Ein kleines Nachwort zu den bisher besprochenen Karten:

Wir haben nun alle Karten der Großen Arkana besprochen und ich habe Ihnen einige Hinweise darauf gegeben, was in den Bildern zu finden ist.

Ich hoffe, Sie haben ein Gefühl dafür bekommen, wie Sie sich in die Karten hineindenken können, damit Sie selbstständig damit arbeiten können, ohne ständig verzweifelt irgendwelche Begriffe nachzuschlagen.

Denn das brauchen Sie gar nicht. Wenn Sie den Sinn der Karte erst erfasst und sich noch ein Stichwort gemerkt haben, dann sind Sie fähig, intuitiv weitere Definitionen zu finden.

Achten Sie daher darauf, keine hektischen Legungen vorzunehmen, sondern über jede Karte noch gründlich nachzudenken!

Wie bereits in der Einführung erwähnt, finden Sie auf diese Weise noch viele andere Begriffe, die Ihnen eher liegen, als die, die ich ihnen ans Herz gelegt habe.

Aber das ist auch gut und richtig so, denn jedes Kartendeck handelt mit seinem Besitzer eine eigene Sprache und Symbolik aus, die diese beiden dann verbindet.

Machen Sie Ihre eigenen Erfahrungen. Freuen Sie sich darauf und verwenden Sie meine Tipps lediglich als Anregungen.

Wie schon eingangs erwähnt, gibt es keine vollständige Liste aller möglichen Begriffe, für die eine Karte stehen kann. Sie werden daher kein abschließendes Werk finden, das Ihnen die ultimativen Erklärungen dafür anbieten kann.

Selbstverständlich können Sie sich noch tiefer in die Symbolik einarbeiten, Sie können die Farben und Zahlen auf den Karten zu deuten lernen und sich stets weiterbilden.

Aber jedes Tarot hat von seinem Schöpfer und Zeichner zusätzliche Symbole mit auf den Weg bekommen, die Sie dann möglicherweise auch nur in dessen erklärenden Werken beschrieben finden – sofern es ein eigenes Anleitungsbuch dazugibt.

Wenn Sie die Bedeutung der Karten etwas allgemeiner erfassen und verinnerlicht haben, so werden Sie auch mit anderen Decks sicher arbeiten können, denn, wo »Narr« draufsteht, ist dann auch »Narr« drin.

Wenn Sie sich zum Üben noch mal die Texte ins Gedächtnis rufen möchten, so biete ich Ihnen auf der nächsten Seite noch eine kurze Übersicht mit den Karten und den vorgeschlagenen Stichworten an.

Hier können Sie sich ein Lesezeichen setzen oder sich eine Kopie machen und diese bei den ersten Versuchen neben sich legen.

Falls Sie sich mein Kartendeck anschaffen möchten, haben Sie die Bedeutungen bereits auf der Karte aufgedruckt, dann ist es noch viel einfacher für Sie.

Später sollten Sie allerdings in der Lage sein, mit jedem beliebigen Deck zu legen, da Sie die grundsätzlichen Bedeutungen der Karten verinnerlicht haben. Dann spielt es keine Rolle mehr, auf welchem Deck sie welchen Magier oder Narren abgebildet sehen. Die Karte wird immer dieselbe Grundbedeutung haben.

Und bis dahin haben Ihnen die Karten auch diejenigen Bedeutungen offenbart, die sie ganz speziell für SIE bereithalten, wie ein geheimer Code. Und der kann – wie bereits erwähnt – von den üblichen, bekannten Bedeutungen auch abweichen. Er muss lediglich für Sie stimmig sein und zu den korrekten Ergebnissen führen!

Prüfen Sie sich selbst: Können Sie sich an die jeweiligen Bilder und ihre Assoziationen erinnern?

Die Stichworte zum Üben, Prüfen oder als erste Legehilfe:

0 – Der Narr	Kind
1 – Der Magier	Zauberer
2 – Die Hohepriesterin	Intuition
3 – Die Herrscherin	Wachstum
4 – Der Herrscher	Ordnung
5 – Der Hierophant	Sinnsuche
6 – Die Liebenden	Entscheidung
7 – Der Wagen	Bewegung
8 – Die Kraft	Kraft / Stärke
9 – Der Eremit	Rückzug
10 – Das Rad des Schicksals	Schicksal/Wendungen
11 – Die Gerechtigkeit	Gerechtigkeit
12 – Der Gehängte	Steckenbleiben
13 – Der Tod	(natürliches) Ende
14 – Die Mäßigkeit	Ausgleich / Harmonie
15 – Der Teufel	Teufelskreis
16 – Der Turm	Zusammenbruch
17 – Der Stern	Hoffnung / Schutz
18 – Der Mond	Unterbewusstsein
19 – Die Sonne	Optimismus
20 – Das Gericht	Wandlung
21 – Die Welt	Vollendung

Die kleine Arkana

Die Karten der Kleinen Arkana sind, wie im Überblick zu Beginn des Buches bereits erwähnt, aufgebaut wie Spielkarten.

Zur Erinnerung:

Die Symbole der Kleinen Arkana:

Kelche stehen für Gefühle/Liebe – Beziehungen

(Element Wasser)

Münzen stehen für Stabilität/Geld - Beruf

(Element Erde)

Schwerter stehen für Gedanken/Verstand - Katastrophen

(Element Luft)

Stäbe - für Energie/Sex - Unternehmungen

(Element Feuer)

(Symbole aus meinem eigenen Kartendeck)

Die Karten beginnen beim Ass (1) und gehen über die Nummern 2 (II) bis 10 (X) bis zu den »Hofkarten«: König, Königin, Ritter, Bube.

Wenn diese Karten auftauchen, stehen sie für kurzfristige Ereignisse bzw. für Personen.

Hinweise zu den Hofkarten:

Es gibt Autoren, die den Personen Haarfarben zuordnen – je nach Art der Karte. Kelche sind blond, Stäbe rötlich-braun, Münzen dunkelbraun und Schwerter schwarzhaarig.

Falls Sie sich danach richten möchten, stolpern Sie früher oder später über Probleme, da dann alle gefühlvollen Personen (Kelche) immer nur blond sind. Sie merken, dass das nicht stimmen kann. Verlassen Sie sich lieber auf die charakterliche Beschreibung der Karten!

Falls Sie sich mit Astrologie auskennen, haben Sie einen kleinen Vorteil, weil Sie dann die Personen nicht nach Haarfarbe, sondern nach Charakter einschätzen können.

So werden Sie für verträumte oder schüchterne Damen auf die Königin der Kelche, das mütterliche Wasserzeichen zurückgreifen (vgl. Sternzeichen Krebs, Fische, Skorpion) etc.

Es wird oft bemängelt, dass sich im Spiel nur 4 Königinnen befinden und somit nur viermal die Chance, eine weibliche Karte zu ziehen. Die anderen Hofkarten sind immer männlich.

Wenn Sie auch hier versuchen, die Karten über den Charakter zu deuten, erhalten Sie bessere Ergebnisse.

Buben und Ritter sind nicht zwangsweise männlich!

Und manchmal erhalten Sie sogar Infos darüber, dass sich Frauen (Fragestellerinnen) eher männlich (König) verhalten oder verhalten sollten, um ihr Ziel zu erreichen, oder Männer weiblicher.

Kelche

Was bedeuten die Kelch-Karten?

Die Kelche haben mit WASSER zu tun und somit mit Gefühlen, Inspiration, Träumen, Kreativität, Liebe, Freude und Frieden. Aber Kelche können auch Depression, Verlust, Faulheit, Lethargie und Passivität ausdrücken.

Ass der Kelche: (Stichwort: Liebe)

Die Asse stehen am Beginn der Reihe und somit auch am Beginn der Bedeutung der jeweiligen Kartenfarbe. Ein Kelch-Ass steht somit für einen neuen Beginn in der Liebe, oder allgemeiner: einen neuen Beginn in Gefühlsdingen.

Man kann sich ja auch gefühlsmäßig einer neuen Arbeitsstelle öffnen. Außerdem steht die Karte auch für Empfängnis, Schwangerschaft und Geburt. Vergessen Sie nicht die Schattenseite: Unfruchtbarkeit, Freudlosigkeit, Lieblosigkeit, Depression.

Zwei der Kelche: (Stichwort: Flirt)

Diese Karte steht für liebevolle Begegnungen. Sehen Sie alte Freunde wieder? Oder begegnen Sie dem idealen Flirtpartner? Vielleicht ist es sogar der Beginn einer Liebesbeziehung? Als Ereignisse sind Verlobung oder Hochzeit möglich. Aber bedenken sie die Schattenseiten: Trennung, Verlust, vorgetäuschte Liebe ...

Drei der Kelche: (Stichwort: Hochstimmung)

Das ist die Party-Karte, die bei mir persönlich immer für überfüllte Discos erscheint. Es geht um Freude, Feiern, Dankbarkeit und Erfolg. Auch diese Karte kann für eine Schwangerschaft stehen. Außerdem kann es sich um ein feucht-fröhliches Besäufnis im Freundeskreis handeln. Warnung vor Sex ohne Liebe!

Vier der Kelche: (Stichwort: Überdruss)

Wenn Sie diese Karte ziehen, sind Sie apathisch, unzufrieden, deprimiert oder sogar von sich selbst angeekelt. Sie haben sich zurückgezogen und weisen Rat und Hilfe Ihrer Freunde ab, bzw. nehmen sie gar nicht wahr. Schmollen Sie nicht, Sie könnten gute Chancen verpassen, die das Leben Ihnen im Kelch anbietet!

Fünf der Kelche: (Stichwort: Bedauern)

Eine Karte des Kummers, des Verlustes und der Trauer und der Enttäuschung. Sie steht möglicherweise sogar für eine Fehlgeburt. Weinen Sie nicht über die vergossenen Kelche vor sich. Sehen Sie hinter sich die unversehrten Chancen und nehmen Sie sie wahr. Es ist nicht alles verloren! Bei mir ist diese Karte die »LEIDER«-Karte. Sie ist of Anzeichen auch für ganz alltägliche Enttäuschungen, wenn zum Beispiel eine Verabredung platzt. »Leider kann ich heute nicht mir dir essen gehen, aber wie wäre es nächsten Samstag?«

Sechs der Kelche: (Stichwort: Vergangenheit)

Die Karte der Rückerinnerung, Nostalgie und der Träume. Die Karte der unschuldigen, romantischen Liebe. Sie denken an eine verflossene Liebe? Sie leben mehr in der Vergangenheit als in der Gegenwart? Sie haben ganz verklärte Gedanken, weil früher alles besser war? Wachen Sie auf! Durch Ihre Träumereien könnten Sie die Gegenwart verpassen! Wenn Sie bei der Arbeit so unkonzentriert sind, könnten Sie bei Prüfungen versagen oder Ihren Job verlieren!

Sieben der Kelche: (Stichwort: Wunschdenken)

Dies ist die Karte der Tagträume, Einbildungen und Illusionen. Merken Sie sich vielleicht das Stichwort: »Luftschlösser bauen«. Sie schwelgen in Fantasien oder sogar Drogenerfahrungen und haben viel zu hohe Erwartungen an den Job oder den Partner oder Ihre neuen Projekte. Aber aus all dem wird nichts, wenn Sie nicht beginnen, Ihre Träume in die Tat umzusetzen!

Acht der Kelche: (Stichwort: Verlust)

Sie geben etwas auf. Sie kehren einer stabilen Situation einfach den Rücken und machen sich schweren Herzens auf den Weg zu etwas Neuem. Was hat Sie vertrieben? Ist die Situation ins Stocken geraten? Gefällt es Ihnen nicht mehr, wie es ist? Sehen Sie Probleme, wo keine sind und geben einfach auf? Überlegen Sie genau, ob es nicht ein Fehler ist, einfach alles stehen zu lassen. Diese Entscheidung können nur Sie selbst treffen!

Neun der Kelche: (Stichwort: Zufriedenheit)

Diese Karte steht für Lebensfreude. Setzen Sie das Bild auch in alltäglichere Situationen um: Ist Ihr Partner im Wirtshaus oder am Stammtisch mit seinen Kumpels? Gehen Sie selbst zu einer Party? Jetzt sind Entspannung und Genuss angesagt. Aber Vorsicht vor maßlosem Essen, Trinken und Sex. Übertreiben Sie es nicht, sonst müssen Sie später dafür büßen!

Zehn der Kelche: (Stichwort: Glück)

Die Karte des häuslichen Glücks und der Zufriedenheit. Sie sind von Menschen umgeben, die Sie lieben. Etwas alltäglicher kann es auch sein, dass ein Herzenswunsch in Erfüllung gegangen ist. Sie sind glücklich!

DIE HOFKARTEN DER KELCH-FAMILIE

Liebende, Geliebte, Hellsichtige und Tagträumer

BUBE der Kelche:

Der Bube ist ein sensibler junger Mensch, der Ihnen eng verbunden ist. Er ist ruhig und intelligent und auch wissensdurstig. Da er am Anfang der Hofkarten steht, ist er noch etwas naiv und noch nicht zu sehr tiefen Gefühlen fähig.

Es kann auch sein, dass Ihnen jemand seine Dienste anbietet. Oder Sie erhalten Neuigkeiten. Weitere Stichworte sind auch: Ankunft, Geburt, vielversprechender Start.

Sehen Sie in dieser Karte eine gefühlsmäßige Chance, die Ihnen geboten wird. Vielleicht erhalten Sie einen Heiratsantrag?

RITTER der Kelche:

Der Ritter ist ehrlicher, freundlicher, intelligenter junger Mann (oder Frau), der/die dem Fragesteller wohlgesinnt ist. Da es sich um eine Kelch-Karte handelt, ist die Person fantasievoll, künstlerisch und poetisch. Der Ritter kann ein Liebhaber sein, der vielleicht attraktiv, aber passiv und introvertiert ist, und der sich noch nicht binden will.

Seine Gefühle sind noch nicht viel tiefer als die des Buben. Als Ereignisse können Sie auf guten Rat, Nachrichten, Besuche und Einladungen warten.

KÖNIGIN der Kelche:

Die Königin ist eine mütterliche Frau, ehrliche treue Freundin, gute Mutter, perfekte Ehefrau, romantische Geliebte. Sie ist freundlich, großzügig und warmherzig. Sie ist sanft und voll Mitgefühl. Sie hat künstlerisches Talent und vielfältige Interessen.

Außerdem ist sie fantasievoll und besitzt eine visionäre Kraft. Gut möglich, dass sie hellsichtig oder heilerisch begabt ist. Bei der Frage nach Ereignissen geht es hier um eine Situation, in der man sich emotional sicher fühlt. Erfolg, Glück. Vergnügen, kluge Entscheidungen Vergessen Sie auch hier nicht den Hinweis auf eine Schwangerschaft!

KÖNIG der Kelche:

Der König ist der Gegenpart zur Königin. Er ist ein herzlicher Mensch, der Geliebte oder Ehemann. Er ist verschwiegen, großzügig, zuverlässig und rücksichtsvoll. Da er auch verantwortungsbewusst und stark ist, gibt er einen ausgezeichneten Ratgeber ab. Er ist ein Freund, dem Sie vertrauen können.

> Achtung:
>
> Berücksichtigen Sie bei den Kelchkarten immer, dass auch die Schattenseiten und somit die umgekehrten Charaktereigenschaften hervortreten könnten.
>
> Sie fallen möglicherweise auf unreife Sektenanhänger und Fanatiker herein, auf Personen, die so in ihrer Fantasiewelt leben, dass sie sich auf das richtige Leben gar nicht konzentrieren und einlassen können.
>
> Sie könnten unreif sein und Ihre Liebe nicht erwidern. Vielleicht sind sie auch depressiv und ziehen Sie mit runter.

Münzen

Was bedeuten die Münz-Karten?

Die Münzen haben mit der ERDE zu tun und somit mit Stabilität, Reichtum, Beständigkeit, Bodenständigkeit, Materialismus und Realität. Es geht um Besitz, Beruf, weltliches Ansehen und Alltagsbewältigung.

Im Gegenzug geht es natürlich um Armut, Unbeständigkeit etc.

Ass der Münzen: (Stichwort: Belohnung, Geschenk)

Es geht hier um ein Geldgeschenk oder ein erreichtes Ziel. Um Vollendung, Triumph, Glück, Zufriedenheit und Reichtum – auch um inneren Reichtum. Außerdem um Erfolg und Wohlstand. Die Chance, das alles zu erhalten, liegt in Ihnen.

Zwei der Münzen: (Stichwort: Unentschlossenheit)

Die Karte zeigt Unbeschwertheit und spielerische Unentschlossenheit bei Entscheidungen. Aber auch Balance, Anpassung, Fröhlichkeit und Spaß.

Drei der Münzen: (Stichwort: Arbeitsbeginn)

Sie stehen am Beginn eines Projektes oder einer Ausbildung. Sie beginnen mit der Verwirklichung und Umsetzung einer Arbeit. Haben Sie ein Gewerbe angemeldet? Oder arbeiten Sie daran, Ihr Ansehen und Ihr Vermögen zu mehren? Jedenfalls stellen Sie Ihr Können zur Schau.

Vier der Münzen: (Stichwort: Habgier)

Sie sind gierig und auf Ihr Vermögen fixiert. Sie sind geizig und materialistisch und wollen das einmal Erreichte nicht teilen. Sie sind auch Ihren Standpunkten treu, weil Sie wissen, was Sie wollen. Ihre finanzielle Lage ist stabil. Eventuell erhalten Sie ein Geschenk oder eine Erbschaft. Sie sind zufrieden. Prüfen Sie, ob Sie nicht zu machtgierig und selbstbezogen sind oder ein übertriebenes Sicherheitsbedürfnis haben.

Fünf der Münzen: (Stichwort: Mittellosigkeit, Sorgen)

Dies ist eine Konfliktkarte. Sie sind von Verlusten (auch in der Liebe) und materiellen Sorgen geplagt. Vielleicht ist ein Geschäft oder Projekt in die Hose gegangen oder sie hatten zu viele Ausgaben. Außerdem fühlen Sie sich einsam und ausgeschlossen. Erbärmlich und ungeliebt.

Haben Sie gerade Ihre Beziehung beendet? Sie stehen kurz vor dem Ruin oder einem Nervenzusammenbruch. Analysieren sie die Lage und holen Sie sich Hilfe! Lernen Sie aus Ihren Verlusten und machen Sie es beim nächsten Mal besser.

Sechs der Münzen: (Stichwort: Erbarmen, Mildtätigkeit)

Diese Karte ist ein Hinweis auf Teilen, Großzügigkeit, Nächstenliebe, Barmherzigkeit, und auch Erfolg. Aber nicht notwendigerweise sind Sie der Geber, denn möglicherweise beweist Ihnen jemand durch materielle Unterstützung oder Geschenke sein Wohlwollen.

Achten Sie auch darauf, W A S man Ihnen da so großzügig zuteilt. Haben Sie mehr Arbeit bekommen? Und wenn es um Gefühle geht: Gibt man sich nur aus Mitleid mit Ihnen ab, obwohl Sie sich Liebe wünschen?

Sieben der Münzen: (Stichwort: Abwarten)

Diese Karte steht für Wachstum. Sie zeigt Ihnen auch, dass Sie abwarten. Das kann in Ihrer momentanen Situation angebracht sein, weil sich durch kluge Planung ein beständiges (finanzielles) Wachstum abzeichnet. Es kann aber auch falsch sein und zu einem Fehlschlag (beruflich oder in der Liebe) führen.

Zeigen Sie Ihr Durchhaltevermögen, aber prüfen Sie, ob es im Moment nicht angebracht wäre, etwas zu unternehmen, um die Angelegenheit zu einem guten Abschluss zu bringen.

Acht der Münzen: (Stichwort: Lernen)

Die Karte zeigt, dass Sie fleißig an etwas arbeiten. Vielleicht haben Sie gerade eine Lehre begonnen. Sie haben ein neues Geschäft oder einen neuen Auftrag erhalten und zeigen Ihr Können und Ihre Qualifikation. Sie arbeiten mit Liebe zum Detail und Freude an der Arbeit.

Deshalb haben Sie auch gute Aussichten auf Erfolg. Die Planung ist allerdings verstandesbetont und völlig emotionslos.

Neun der Münzen: (Stichwort: Glücksfall, Wunscherfüllung)

Die Karte des Erfolges, der Fülle und des Wohlstandes. Sie haben Luxus oder Erholung und Urlaub. Sie können die Früchte Ihrer Arbeit genießen. Oder Sie sind ein Glücksgriff für Ihren Arbeitgeber – oder

Ihren Partner. Es kann sich auch um eine Gehaltserhöhung handeln. Rechnen Sie auf jeden Fall mit einem Fortschritt.

Zehn der Münzen: (Stabilität)

Die höchste Münzkarte. Sie steht für ein häusliches Leben im Wohlstand und in sicherer und angenehmer Stellung. Vielleicht haben Sie den Reichtum durch Erbschaft oder Ehe erhalten. Die Karte steht auch für die Stabilität Ihrer materiellen und geistigen Werte.

DIE HOFKARTEN DER MÜNZ-FAMILIE

Hausfrauen und -männer, Vermögende, Arme und Arbeiter

BUBE der Münzen:

Der Bube steht noch ganz am Anfang, ist aber bereit zu lernen. Er ist intelligent und geschäftstüchtig. Erwarten Sie gute Nachrichten, Beförderungen, Hilfe und gute (geschäftliche) Angebote.

RITTER der Münzen:

Der Ritter ist verantwortungsbewusst, verlässlich und gewissenhaft, wenn auch nicht besonders flexibel. Er arbeitet fleißig und ausdauernd. Bei Fragen nach der Beziehung zeigt die Karte eine stabile und treue Freundschaft oder Partnerschaft an.

Aber vergessen Sie nicht, dass stabil nicht auch gleichzeitig spannend und prickelnd bedeutet. Eventuell hat der Alltag diese Beziehung schon eingeholt. Freundschaften sind alteingesessen und unkompliziert. Man kann sich aufeinander verlassen.

KÖNIGIN der Münzen:

Sie ist Realistin, aber fürsorglich und sinnenfroh. Natürlich verfügt Sie auch über Intelligenz und Kultiviertheit und ist mit ziemlicher Sicherheit wohlhabend. Sie kann mit Geld umgehen und ist großzügig und gütig.

Sie ist zuverlässig und ist nicht nur eine angenehme Geschäftspartnerin, sondern auch eine gute Mutter und Hausfrau. Diese Karte könnte Familienzuwachs ankündigen.

KÖNIG der Münzen:

Dieser König ist ein scharfsinniger, vernünftiger Mann, der fest im Leben steht. Er ist der geborene Geschäftsmann, aber auch der liebende Vater mit ausgeprägtem Familiensinn und der loyale, konservative Freund.

Wie die anderen Münzkarten auch, ist er tatkräftig, mit gutem Geschäftssinn und auch viel Freude am Genuss ausgestattet.

Achtung:

Berücksichtigen Sie bei den Münzkarten immer, dass auch die Schattenseiten und somit die umgekehrten Charaktereigenschaften hervortreten könnten.

Sind die Menschen extrem geizig und spielen ihre Macht aus? Sind sie korrupt und unzuverlässig? Liefern sie schlampige Arbeit ab und kümmern sich mehr um ihre Sinnenfreuden? Dann könnten Sie einen eher perversen, verfressenen Partner angeln, als den liebevollen Familienmenschen, den Sie gesucht haben ...

SCHWERTER

Was bedeuten die Schwert-Karten?

Die Schwerter haben mit der LUFT zu tun und somit mit der geistigen Beweglichkeit und Regsamkeit. Sie sind die Karten des Verstandes, der Gedanken und der Kommunikation. Es geht hierbei um Schmerz, Wut, Kummer, Zerstörung, Kampf, Streit, aber auch Spezialisten, Mut, Cleverness, Intelligenz und Geschick.

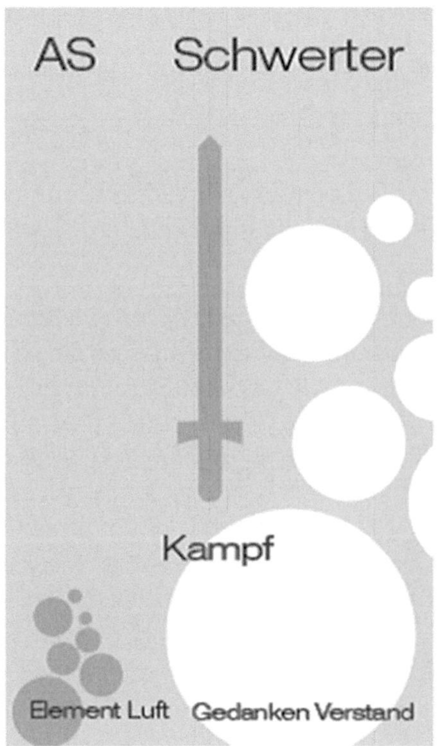

AS der Schwerter: (Stichwort: Kampf)

Die Karte zeigt den Beginn eines Kampfes. Es geht um die Durchsetzung von Wünschen und das Erkämpfen, von Dingen, die man schon lange haben will – oder einfach ein Kampf um die gute Sache.

Andererseits kann es sich um einen Kampf aus Rache und Hass handeln und unter Umständen Ihren Untergang bedeuten. Überlegen Sie genau, ob das wirklich sein muss! Außerdem steht die Karte auch für Kämpfe in uns selbst. Wir müssen schwer um eine Entscheidung ringen.

Zwei der Schwerter: (Stichwort: Zweifel)

Die Situation ist nur scheinbar friedlich, denn man ist lediglich unentschlossen, was zu tun ist. Etwas ist festgefahren, und man muss versuchen, diese unklare Lage zu überdenken, zu analysieren und zu lösen.

Das innere Gleichgewicht ist durcheinandergeraten. Aber man kann jetzt nicht auf Hilfe von außen vertrauen, man muss die Lösung selbst finden. Strengen Sie Ihre Grauen Zellen an!

Drei der Schwerter: (Stichwort: Kummer, Trauer)

Schon das Bild zeigt deutlich, um was es geht: Kummer, Schmerz, Unglück. Vielleicht ist man nur verwirrt und ringt mit sich selbst um neue Erkenntnisse, oder man hat eine Trennung (beruflich oder privat) zu überwinden.

Vielleicht hat man auch eine Entscheidung getroffen, die der Verstand zwar gutheißt, die das Herz aber nicht akzeptieren kann. Oder haben Sie gerade eine schmerzhafte Erkenntnis gehabt? Überprüfen Sie genau, wie Sie in diese Lage gekommen sind und was noch zu retten ist.

Vier der Schwerter: (Stichwort: Rückzug, Zurückgezogenheit)

Sie befinden sich auf dem Rückzug. Sie haben eine Zwangspause eingelegt, um in der Einsamkeit Ruhe zu finden und die weiteren Schritte zu planen. Eine Ruhepause kann auch nötig sein, weil Sie krank geworden sind oder Fortschritte von außen verhindert werden. Warten Sie ab, die Dinge bessern sich auch wieder. Es ist nur vorübergehend.

Fünf der Schwerter: (Stichwort: Niederlage)

Diese Karte kann nicht schöngeredet werden, aber Sie müssen sich ihr stellen. Sie sehen eine Niederlage, verbunden mit Demütigung oder Degradierung. Es handelt sich um eine tragische Situation, in der Ihre Hoffnungen und Pläne gescheitert sind oder eine andere Person Sie übel aufs Kreuz gelegt hat.

Jemand ist ruiniert und hat Verluste erlitten. Schauen Sie genau hin: Haben S I E vielleicht jemandem diese Niederlage zugefügt? Dann ist es nur ein trauriger Sieg, ein Erfolg, den Sie durch Bosheit und Gemeinheit errungen haben.

So oder so werden Sie von Trauer oder unguten Gefühlen geplagt. Nur Sie selbst können sich da wieder herausmanövrieren. Wenn Sie der Bösewicht waren, könnten Sie versuchen, die Sache wieder gut zu machen. Wenn Sie der Unterlegene sind, müssen Sie die Zähne zusammenbeißen und ohne Rachegefühle einen Neuanfang wagen.

Sechs der Schwerter: (Stichwort: Reise, Übergang, Aufbruch)

Sie brechen auf zu neuen Ufern. Diese liegen noch im Nebel und Sie fühlen sich vielleicht etwas unsicher, aber Sie können von dieser Neuorientierung auch profitieren. Auf banaler Ebene machen Sie eine Reise oder einen Besuch.

Haben Sie eine Ortsveränderung vor, weil Sie umziehen wollen? Oder steht eine geistige Neuorientierung (neuer Job, Weiterbildung) an? Oder sind Sie etwa auf der Flucht? Den Schwertern gemäß sollten Sie diese Situation analysieren und das Beste daraus machen. Abwarten hilft nicht weiter.

Sieben der Schwerter: (Stichwort: List, Betrug)

Wenn man es positiv sieht, hat man eine kühne Tat vollbracht und den Gegner mit Schlauheit ausgetrickst. Kann es nicht auch sein, dass hier List und Tücke angewendet wurden und man sich aus der Konfliktsituation einfach wegschleicht? Was soll das bringen?

Und wenn man noch genauer hinschaut, sieht man da nicht vielleicht einen Diebstahl oder andere unlautere Machenschaften? Diese Situation sollten Sie ganz dringend zum Positiven verändern!

Acht der Schwerter: (Stichwort: psychische Probleme)

Die Karte der Qual, der Hemmungen und Verwirrung. Sie zeigt ein schweres Trauma, psychische Probleme oder sogar Paranoia. Auf einer alltäglicheren Basis muss man mit einer Krise, einem Konflikt und schlechten Nachrichten rechnen.

Jemand mischt sich ungefragt in Ihre Angelegenheiten ein. Sie fühlen sich gefangen, machtlos und eingeschränkt. Sie sollten unbedingt ihr Zurückgezogenheit aufgeben und sich Hilfe suchen. Die Situation ist ernst.

Neun der Schwerter: (Stichwort: Quälerei)

Die Karte zeigt Ängste und Gewissensbisse, die uns psychische Qualen und Albträume bescheren. Sie haben Liebeskummer oder sorgen sich um jemanden, den Sie lieben. Vielleicht sind sie verzweifelt, weil Sie ernsthaft krank sind oder Ihnen schwere Prüfungen bevorstehen. Schämen Sie sich für etwas?

Es geht hier nicht um ein konkretes Ereignis, sondern um Gedanken, die Sie quälen. Das kann schlimmer sein, als eine Situation, der man sich konkret stellen kann. Versuchen Sie, sich zu beruhigen und nicht so negativ zu denken. Nur Sie selbst können die negativen Gedanken auch wieder abstellen.

Zehn der Schwerter: (Stichwort: Untergang, Vernichtung)

Wenn diese Karte erscheint, sind Sie Ihrer Meinung nach am absoluten Tiefpunkt angelangt. Sie sind verzweifelt und unglücklich, vielleicht sogar hysterisch.

Grund ist das abrupte Ende einer Situation oder ein schmerzhafter Abschied. Sie müssen sich vom Partner oder von Ihren Überzeugungen trennen. Sie sind enttäuscht und total am Ende. Der einzige Trost ist nur, dass es nicht mehr schlimmer kommen kann.

Nach diesem Tiefpunkt kommt auf jeden Fall wieder ein Aufschwung. Versuchen Sie, durchzuhalten! Gegen das Schicksal, das dies alles eingefädelt hat, können Sie sowieso nicht ankämpfen.

DIE HOFKARTEN DER SCHWERT-FAMILIE

Denker, Zweifler, Kämpfer und Betrüger

BUBE der Schwerter

Diesem Buben sollten Sie nicht trauen. Es ist ein Mensch, der Freundschaft nur vortäuscht. Eventuell ein Betrüger oder ein Spion. Achten Sie auf böse Gerüchte, Betrug, Verrat, schlechte Neuigkeiten und Skandale. Vielleicht ist es auch der Anstoß zu einer klärenden Aussprache.

RITTER der Schwerter

Dem Ritter sollten Sie auch nicht unbedingt trauen. Er ist vielleicht mutig und geschickt, aber neigt zu Fanatismus und Eifer. Er ist karriereorientiert und kann andere durch seine Angriffslust auch mit Worten verletzen.

Er ist gefühlskalt und in einer Beziehung wird es durch heftige Wortgefechte deutlich frostig. Der Ritter ist eventuell auch ein Anzeichen dafür, dass Sie selbst mit schweren Selbstzweifeln kämpfen und somit der gefühlskalte Bösewicht in Ihrer Frage sind. Gehen Sie in sich und finden Sie es heraus.

KÖNIGIN der Schwerter

Wie die anderen Schwert-Personen ist die Königin nicht nur intelligent und hat einen messerscharfen Verstand und eine spitze Zunge, sondern sie kann auch boshaft, rücksichtslos und egoistisch sein.

Sie ist vielleicht einsam und traurig, aber sie geht ihren Weg allein und weiß genau, was sie will. Sie ist karriere- und berufsorientiert und sollte nicht unterschätzt werden. Sie ist im positiven Fall eine gute Verbündete und Freundin aber im schlimmsten Fall eine gefährliche Gegnerin.

KÖNIG der Schwerter

Dieser König geht, wenn es sein muss über Leichen. Er ist mutig, stark und entschlossen. Ein Mann der Tat mit kühlem Verstand und Intelligenz. Ein Fachmann und Berater. Er ist ein Experte mit scharfem, analytischem Verstand.

Aber er verfolgt nur seine eigenen Interessen und macht alle nieder, die ihm im Weg stehen. Nebenbei bemerkt ist er der denkbar ungeeignetste Partner für die sensible Kelch-Königin.

Achtung:

Berücksichtigen Sie bei den Schwertkarten immer, dass auch hier die Schattenseiten und somit die umgekehrten Charaktereigenschaften hervortreten können.

Bei den Schwertern ist das Negative hier eher betont worden, aber nicht alle sind rachsüchtige Egoisten, die lügen und betrügen. Viele sind durch Schicksalsschläge gereifte Personen mit tiefen Einsichten, hervorragender Intelligenz und außergewöhnlichem Fachwissen - die Professoren und Wissenschafter, die uns bei schwierigen Fragen mit Kompetenz zur Seite stehen.

Stäbe

Was bedeuten die Stäbe-Karten?

Die Stäbe haben mit dem Feuer zu tun und somit mit Energie, Initiative, Antrieb und Willenskraft. Sie zeigen Schnelligkeit, Planung, Bewegung, physische Kraft und geistige Wachheit. Aber sie sprechen auch von Eigensinn, Arroganz, Dramatik, Egoismus.

AS der Stäbe: (Stichwort: Machtergreifung)

Wie alle ASSE deutet auch dieses einen Neubeginn an. Man hat Tatkraft, Kreativität, Energie und Freude am Leben. Das Ass bringt sexuelle Energie und somit auch Fruchtbarkeit.

Zwei der Stäbe: (Stichwort: Konflikt)

Der erfolgreiche Mensch auf der Karte hat bereits alles erreicht und ist von seinem Erfolg eingemauert. Was kann man noch in Angriff nehmen, wenn man schon alles hat? Deshalb entsteht hier ein Konflikt oder innerer Zweifel. Auf jeden Fall eine kühle Haltung, da man nicht weiß, wohin mit der Energie.

Drei der Stäbe: (Stichwort: Grundlage)

Man hat schon etwas Grundlegendes geschaffen und kann zuversichtlich von seiner starken Position in die Zukunft blicken. Dabei kann man auf dieser Basis neue Wege begründen. In Beziehungen ist die Karte auch ein Zeichen dafür, dass man eine Bindung eingegangen ist, aber bereits nach neuen Partnern Ausschau hält.

Vier der Stäbe: (Stichwort: Vollendung, Abschluss)

Diese Karte bringt Freude und Spaß. Es gibt ein Fest als erfolgreichen Abschluss von einem gelungenen Projekt. Man hat eine befriedigende Partnerschaft und lebt in Harmonie. Die Karte kann auch einen Hinweis geben auf das Landleben, ein Richtfest oder ihr eigenes Organisationstalent im Feste ausrichten.

Fünf der Stäbe: (Stichwort: Kräftemessen)

Hier geht es um einen Wettkampf bzw. eine Herausforderung. Es ist eher ein spielerischer Wettkampf und ein Kräftemessen zwischen Rivalen, die nicht offen aufeinander losgehen.

Zum Beispiel beim Kampf um eine Beförderung oder bei der Eroberung einer Person, die von mehreren gleichermaßen begehrt wird. Es kann sich auch um eine Diskussion handeln, bei der einfach ums Prinzip gestritten wird.

Sechs der Stäbe: (Stichwort: Erfolg, Ruhm)

Diese Karte bedeutet Erfolg und gute Nachrichten. Sie haben ein Projekt erfolgreich abgeschlossen oder einen bedeutsamen Sieg errungen, vielleicht Ihren Traumpartner erfolgreich erobert. Die Karte erscheint häufig, wenn Anrufe bevorstehen – oder wenn Sie dringend einen tätigen sollten.

Sieben der Stäbe: (Stichwort: Abwehr, Verteidigung)

Eine Abwehrkarte. Sie sind tapfer und entschlossen, alles, was Ihnen lieb ist zu verteidigen. Sie müssen sich aber tatsächlich gegen Ihre Feinde entschieden zur Wehr setzen, um Ihre Position abzusichern.

Achten Sie aber darauf, ob Sie nicht grundsätzlich eine abwehrende Haltung einnehmen, auch wenn gerade überhaupt keine Feinde da sind! Seien Sie nicht so negativ!

Acht der Stäbe: (Stichwort: Bewegung)

Diese Karte zeigt an, dass ein Ereignis kurz bevorsteht. Es gibt keine Verzögerungen, sondern gute Neuigkeiten und das lang ersehnte Ergebnis tritt rasch ein. Auf alltäglicher Ebene könnte es sich auch um eine Flugreise handeln oder einen Brief, eine SMS, eine E-Mail oder ein Telefonat.

Die Dinge sind jedenfalls in Bewegung. Je nach Fragestellung will die Karte Ihnen vielleicht sagen, dass Sie selbst die Initiative ergreifen und rasch handeln sollen.

Neun der Stäbe: (Stichwort: Skepsis, Misstrauen)

Sie fühlen sich von etwas bedroht und stehen einer Sache skeptisch gegenüber. Da Sie schon einmal in dieser Angelegenheit enttäuscht worden sind, ist das auch verständlich.

Versuchen Sie aber, sich keine unnötigen Sorgen zu machen, sondern sich durch kluge Planung und Tapferkeit zu wehren, wenn es soweit ist. Vertrauen Sie auf Ihre eigenen Kräfte und die gewonnene Erfahrung, dann ist Ihnen der Sieg sicher.

Zehn der Stäbe: (Stichwort: Überlastung)

Sie sind total im Stress und völlig überlastet. Kann es sein, dass Sie sich verzettelt haben und mehrere Sachen gleichzeitig begonnen haben?

Die Verantwortung lastet schwer auf Ihnen, aber Sie sind entschlossen, die Sache erfolgreich hinter sich zu bringen. Wenn Sie Ihre Überlastung erkannt haben, versuchen Sie lieber, eine Sache nach der anderen zu erledigen. Sie haben so viel Energie, Sie werden alles schaffen, was Sie sich vorgenommen haben – aber nacheinander!

DIE HOFKARTEN DER STAB-FAMILIE

Dramatiker, Sexsüchtige, Abenteurer, Energiebündel

BUBE der Stäbe

Dieser Bube ist ein Bote, der Nachrichten oder neue Informationen bringt. Er ist zuverlässig, reiselustig, charmant und voller Tatendrang. Er kann Sie mit seiner Begeisterung anstecken. Vorsicht! Er geht gerne mal fremd!

RITTER der Stäbe

Der Ritter ist ein feuriger Eroberer und Draufgänger. Er braucht ständig wechselnde Umgebungen und auch Partner. Er reist gerne, ist ein großherziger Freund und leidenschaftlicher Liebhaber.

KÖNIGIN der Stäbe

Die Königin ist eine leidenschaftliche, attraktive Frau, feurig und aufregend. Vorsicht: eventuell ist sie so anziehend, dass die Beziehung nur auf Sex aufbaut, sonst aber keine Gemeinsamkeiten vorhanden sind. Sie ist zu starker Freundschaft fähig und ist bereit, den Fragesteller tatkräftig zu unterstützen.

KÖNIG der Stäbe

Der König ist ein energischer Mensch, der andere durch seine Willenskraft beherrschen kann. Er ist ehrlich, positiv, optimistisch und sozial. Er ist ein Mann von starker Ausstrahlung, ein sexuell erregender Mann. Er ist gerne zur Hilfe bereit und ist großzügig. Er ist seiner Haltung unerschütterlich treu, praktisch veranlagt und ein leidenschaftlicher Liebhaber.

Achtung:

Berücksichtigen Sie bei den Stabkarten immer, dass auch hier die Schattenseiten und somit die umgekehrten Charaktereigenschaften hervortreten können.

Bei den Stäben handelt es sich um Intoleranz, Sturheit, körperliche Gewalttätigkeit, Aggression, Streit, Eifersucht, gefühlsgeladene Auseinandersetzungen und Untreue.

Ein kleines Nachwort zu den soeben besprochenen Karten

Wie Sie sehen, sind die Stichworte für die Karten der kleinen Arkana im Vergleich zu denen der großen Arkana viel kürzer. Das ist so, weil der Einfluss der Karten nur kurzzeitig vorherrscht und auch einfacher gehalten ist.

Ein Jobangebot zum Beispiel wird ausgesprochen und Sie nehmen an oder lehnen ab. Ein lustiger Abend, eine Party (3 Kelche zum Beispiel) dauert eben nur diesen einen Abend und ist danach nur noch schöne Erinnerung.

Die Bedeutung dieser Karten ist also nicht so tief in ihnen verankert wie die Bedeutungen der großen Arkana.

Aber haben Sie keine Angst, Sie werden auch hierzu Ihre eigenen Deutungen herausfinden.

Beachten Sie einfach, dass die Bedeutung des Kartenthemas stärker ist, je höher die Nummer der Karte ist. Eine 9 der Kelche beinhaltet mehr Liebe als nur das Ass. Verstehen Sie, was ich meine? Und anhand dieses Hinweises können Sie die Karten dann auch gewichten.

Zusätzlich achten Sie bitte bei größeren Legungen darauf wie viele Karten von welcher Farbe bzw. welchem Element (Kelch, Stäbe, Münzen, Schwerter) Sie gezogen haben. Daran können Sie erkennen, um welches Thema es Ihnen vorrangig geht.

Jemand, der nach Liebe fragt und nur Schwerter in der Legung hat, der ist von Zweifeln so zerfressen, dass die Liebe weit in den Hintergrund gerückt ist. Berücksichtigen Sie auch das!

TIPPS UND TRICKS FÜR DEN ERSTEN VERSUCH

Nachdem Sie sich mit den Kartenbedeutungen ein wenig vertraut gemacht haben, wollen Sie sicher auch gleich loslegen – es handelt sich immerhin um einen Kurs für Schnelleinsteiger.

Erwarten Sie aber noch nicht allzu viel von Ihrem ersten Versuch. Sie sind noch Anfänger und es ist normal, wenn Sie noch kleine Probleme haben. Wenn Sie aber das Büchlein aufmerksam gelesen haben, wissen Sie ja, auf was es ankommt und können die Bilder auch mit wenig Aufwand deuten – solange es nicht zu viele auf einmal sind!

Ich könnte Ihnen nämlich jetzt eine Menge komplizierter Legesysteme erklären, aber damit würde ich Ihnen keinen Gefallen tun. Wenn auch die einzelnen Bedeutungen der Karten vielleicht klar sein mögen, sobald mehrere Karten auf dem Tisch liegen, die sich möglicherweise widersprechen, vergeht einigen Anfängern sofort die Lust.

Später könnten Sie sich allerdings schon einige gängige Legesysteme näher anschauen. Sie würden aber auch klarkommen, wenn Sie immer nur einzelne Karten ziehen. Es geht dann eben anfangs manchmal länger, die Situation zu durchleuchten.

Persönlich bevorzuge ich ohnehin diese Methode, bevor ich große und komplizierte Legemuster ausprobiere, und kann die Einzelziehung beziehungsweise wahlweise ein kleines Legemuster wärmstens empfehlen.

Schauen wir uns einige Ihrer möglichen Fragen einmal näher an.

Hilfe – 78 Karten sind zu viel, ich will aber trotzdem sofort loslegen!

Dies ist ein typisches Anfängerproblem, weil die meisten Leute sich nicht einmal die Zeit nehmen, wenigstens jede Karte einmal anzuschauen und stattdessen bereits mithilfe eines soeben freudig erworbenen Buches umständliche Legungen ausführen und dann anhand der angegebenen Stichworte zu den gelegten Karten versuchen, komplizierte Fragen und Sachverhalte zu klären.

So etwas macht natürlich keinen Spaß. Daher führt es – wenn überhaupt – nur zu bescheidenen Ergebnissen und das Ende vom Lied ist dann, dass die Karten in die Ecke geworfen werden, wo sie unbenutzt verstauben.

Dazu kann man nur sagen, dass man auch das Kartenlegen nicht in 5 Minuten lernen kann. Ein klein wenig Einsatz wird schon gefordert. Es ist ja noch kein Meister vom Himmel gefallen.

Trotzdem gibt es zu jedem Problem eine Lösung (oder wie ein guter Freund von mir stets sagt: »Es gibt keine Probleme, nur Lösungen«) und ich habe natürlich einen Tipp für diejenigen, die es überhaupt nicht aushalten und sofort anfangen wollen:

Bitte schauen Sie sich zumindest die Große Arkana an. Das sind nur 22 Karten und 22 Stichworte. Suchen Sie diese Karten aus dem Kartendeck heraus und legen Sie jeweils die Karte vor sich hin, zu der Sie den Begleittext im Buch durchlesen.

Wenn Sie dann die Botschaft der Karten soweit intuitiv verstanden haben, können Sie beginnen, Ihre Antworten lediglich aus den Karten der Großen Arkana zu ziehen und zu deuten.

Sie sollten natürlich früher oder später befähigt sein, mit dem gesamten Deck zu legen, aber es kann nicht schaden, sich zunächst ausschließlich mit den Karten der Großen Arkana zu beschäftigen, denn während Sie nur mit 22 Karten üben, lernen Sie diese bereits sehr gut kennen, haben also keinen Nachteil von Ihrer Ungeduld.

Ich will unbedingt eine »Ja-Nein-Frage« stellen!

Wenn Sie jetzt eine bestimmte Frage stellen, denken Sie daran, dass die Karten nicht mit JA oder NEIN antworten können. Sie erhalten als Antwort lediglich ein Bild. Deshalb sollten Sie lieber fragen: »Wie sieht es aus mit ...?« Dann erhalten Sie durch das Bild eine recht gute Zustandsbeschreibung.

Meist muss ich das meinen Fragestellern aber hundert Mal sagen. Weil kaum habe ich ausgeredet, dass keine Ja–Nein–Frage gestellt werden darf, da nickt mein Gegenüber und sagt dann: »Frag doch mal, ob mein Mann mich noch liebt.« Ähm ...

Nun, Sie werden sicher auch mit diesem Problem konfrontiert sein, sogar wenn Sie die Karten nur für sich selbst legen möchten. Weil man sich dann doch dabei erwischt, zu fragen: »Bekomme ich denn nun den Job oder nicht?«

Tja, tut mir leid, so wird es nicht funktionieren. Oder, vielleicht doch? Ich kann Sie beruhigen, es gibt eine Möglichkeit, wie Sie trotzdem Ja-Nein-Fragen stellen können, auch wenn das sicher nicht im Sinne des Erfinders war. (Und an dieser Stelle höre ich auch schon einige Profis aufschreien und den Kopf schütteln ... sei's drum. Es gibt eine Lösung für Sie!)

Nun, beim Lesen dieses Schnellkurses haben Sie ja gelernt, dass jede Karte eigentlich eher eine Stimmung symbolisiert und sich nicht mit JA oder NEIN zu Ihren Fragen äußert. Sie müssen die Karten also ein wenig überlisten, um das gewünschte Ergebnis zu erhalten.

Es handelt sich dabei vielleicht nicht um die beste Idee, aber es ist die Art, wie ich das Problem zu Beginn auch umgehen konnte und ich möchte es gerne an Sie weitergeben, damit Sie Ihre eigenen Erfahrungen damit machen können. Das soll natürlich nicht bedeuten, dass Sie nun immer so vorgehen sollen!

Machen Sie es am besten so: Suchen Sie sich einfach einige Karten aus, die für Sie sehr positiv sind (zum Beispiel die Hohepriesterin, die Herrscherin, den Stern, die Sonne, die Welt) und einige, die für Sie sehr negativ sind (zum Beispiel Turm, Tod, Teufel, auch der Narr kann hier für ein Nein stehen!).

Selbstverständlich können Sie auch Karten der kleinen Arkana wählen. Es kommt nur darauf an, dass Sie diese Karten für sich – und nur für diesen Zweck! – als positiv oder negativ einstufen.

(Ich betone extra »für diesen Zweck«, denn Sie haben ja gelernt, dass jede Karte eigentlich zwei Seiten hat und somit zugleich positiv und negativ sein kann!).

Die Positiven betrachten Sie dann für Ihre Legung als JA-Antwort und die negativen als NEIN – Antwort. Wenn Sie den Aufwand ganz minimal halten wollen, dann nehmen sie eben nur zwei Karten, aber das mit dem Mischen wird dann etwas schwierig und Sie könnten außerdem dabei schummeln. Ich empfehle daher, mindestens 5 Karten für »Ja« und 5 Karten für »Nein« zu nehmen.

Mischen Sie alle diese Karten dann gut durch (nach Ihrer eigenen Methode) und stellen Sie Ihre unvermeidliche Ja-Nein-Frage.

Jetzt ziehen Sie eine Karte. Hat es geklappt?

Versuchen Sie aber jetzt nur nicht, am Ergebnis zu deuteln! Sie haben die Karte von vorneherein als Positiv oder Negativ festgelegt. Noch deutlicher kann die Karte ja kaum werden, oder?

Hilfe! Ich verstehe die Karte nicht – Probleme mit der Kartenbedeutung

Es kann vorkommen, dass man bei einer Legung oder Einzelziehung irgendwie auf dem Schlauch steht und einfach nicht versteht, was einem die Karte sagen will. So etwas kommt vor, ist aber kein Beinbruch.

Wenn Sie mit einer Karte nicht klarkommen, weil Sie meinen, dass diese Karte jetzt einfach nicht zu der Frage passt oder keinen Sinn zu machen scheint, dann geben Sie nicht auf, sondern fragen Sie doch einfach weiter: »Kann ich noch eine weitere Information zu dieser Situation bekommen?« Sie können sich dann durch das weitere Ziehen einzelner Karten behelfen, bis Sie die Situation erfasst haben.

Hilfe! Die Karten erzählen mir etwas ganz anderes!

Aber Achtung! Dass Sie unter Umständen so lange brauchen, um Klarheit über die Bedeutung der Karte (s.o.) zu bekommen, hat vermutlich einen ganz bestimmten Grund.

Denn manchmal will Ihnen eine Karte unbedingt etwas sagen – sogar etwas anderes, als das, wonach Sie gefragt haben – und Sie sehen dann den Wald vor lauter Bäumen nicht.

Dadurch, dass Sie weitere Karten zum besseren Verständnis ziehen müssen, bekommen Sie langsam ein Gespür dafür, was die Karte Ihnen eigentlich mitteilen will und sobald sich dann ein AHA-Effekt einstellt, können Sie gleich in die erahnte Richtung weiterfragen.

Sie werden dabei sicher einige zusätzliche Aspekte entdecken, die Sie mit Ihrer ursprünglichen Frage gar nicht hätten abdecken können, aber auf die die Karten Sie gerne noch freundschaftlich hinweisen und zum Nachdenken anregen wollten.

Zum besseren Verständnis gebe ich Ihnen ein Beispiel.

Sie haben sich beworben und ziehen eine Karte für die neue Arbeitsstelle, weil Sie wissen wollen, wie die Chancen sind, diese Stelle zu bekommen.

Die Karte, die dabei erscheint, ist der TURM.

Auf den ersten Blick also nicht unbedingt eine Botschaft, die Sie zum Jubeln auffordert. Sie werden skeptisch sein und versuchen, weitere Auskünfte zu bekommen, denn Sie sind ja noch voller Hoffnung und wollen nicht, dass diese Karte »Nein« bedeutet.

(Diese Einstellung ist eigentlich schlecht, das wissen Sie ja selbst. Sie können sich von den Karten nicht ein ehrliches Ergebnis wünschen und gleichzeitig das hören wollen, was Ihnen gerade am angenehmsten wäre!)

Aber Sie möchten ja wissen, was die Karte Ihnen sagen will und fragen daher weiter – natürlich nicht, ohne sich bereits vorab Gedanken über die Karte und die Situation zu machen. Sie wollen ja möglichst schnell auf das richtige Ergebnis kommen und die orakelhafte Antwort der Karte entschlüsseln.

Vermutlich überlegen Sie deshalb nach dem ersten Schreck, ob das nun bedeutet, dass Sie die Stelle gar nicht bekommen werden (dann könnten Sie den oben genannten Trick mit den Ja-Nein-Fragen verwenden, aber davon wollen Sie ja loskommen, Sie wollen sich ja weiterentwickeln) oder Sie gehen davon aus, dass Sie die Stelle bekommen werden, überlegen aber, ob Sie mit dem Stellenantritt eine Katastrophe für sich auslösen werden oder ob dieser neue Job Sie endlich aus dem Gefängnis der Knechtschaft bei Ihrem bisherigen Arbeitgeber befreit. Sie brauchen hier weitere Infos, wenn Sie nicht gleich aufgeben wollen.

Auf was die Karte hinauswollte, wissen Sie also noch nicht. Also möchten Sie natürlich eine weitere Information bekommen. Sie ziehen noch eine Karte mit der Bitte um einen weiteren Hinweis und erhalten die Schwert Königin.

Eine Zweifelkarte, die für Sie selbst stehen könnte oder eine schwierige Chefin anzeigt. Dass Sie an einer neuen Stelle im Vergleich zum alten Arbeitsplatz notwendigerweise umdenken müssen (Turm) ist klar, dass Sie eine schwierige Chefin bekommen werden, ist nun laut den Karten eine Tatsache.

Wie Sie mit der Situation jetzt aber umgehen, liegt nicht in der Hand der Karten. Das müssen Sie allein entscheiden.

Sie stellen entweder fest, dass Sie keine schwierige Chefin haben möchten (und sagen die Stelle ab oder freuen sich, dass Sie sie nicht bekommen) oder Sie denken sich, dass Ihnen das egal ist, weil Sie diese Stelle unbedingt wollen.

Und nun werden Sie entsprechend Ihrer neuen Eingebungen und Erkenntnisse auch in eine völlig neue Richtung weiterfragen, zum Beispiel wie Sie mit der Dame letztendlich auskommen werden oder wie die Chancen sind, noch weitere Stellen angeboten zu bekommen, die möglicherweise ähnlich gut oder besser sind. Oder Sie fragen nun nach, ob diese Stelle wirklich Spaß machen würde etc.

Merken Sie, was ich Ihnen erklären wollte?

Berücksichtigen Sie immer, dass die Karten Ihnen manchmal etwas anderes mitteilen wollen, als Sie gefragt haben, dass Sie durch das Ziehen weiterer Karten viele wichtige Zusatzinformationen erhalten können und dass Sie außerdem durch Einzelziehungen schneller reagieren können. Zu diesem Thema kommen wir aber jetzt gleich im nächsten Punkt.

Hilfe! Ich weiß nicht, welches Legemuster ich nehmen soll!

Wie bereits angedeutet, gibt es eine Unmenge von Legemustern, die Sie verwenden können. Es gibt spezielle Bücher, in denen nur Legemuster für verschiedene Kartendecks vorgestellt werden und darunter sind auch Muster, in denen Sie alle 78 Karten auslegen müssen. Nicht nur für Anfänger manchmal eine Horrorvorstellung!

Ein Nachteil von speziellen Legemustern ist zum Beispiel neben dem Zeitaufwand und der möglichen Verwirrung, die Sie damit bei sich selbst stiften der Folgende:

Nehmen Sie eine beliebige Frage und sehen Sie sich die Antwort an. Sie kommen damit nicht zurecht? Die Karte scheint etwas anderes zu sagen, als was Sie gefragt haben? Sie wollen noch mal nachfragen?

Wenn Sie ein großes Muster legen, haben Sie vorgefertigte Positionen mit festgelegten Bedeutungen – und das müssen Sie bei jeder neuen Frage wieder auslegen und wissen dann vielleicht immer noch nicht, was die Karte Ihnen eigentlich erklären will!

Eine gute Lösung (die aber sicher auch von vielen strikt abgelehnt wird) bietet hierbei die Einzelziehung.

Hilfe! Was ist sind denn Einzelziehungen?

Das Wort haben wir nun schon mehrmals angesprochen und ich persönlich finde diese Einzelziehungen einfach, schnell und praktisch und für Anfänger unbedingt empfehlenswert, da es einen zunächst davor bewahrt, ein Muster mit 20 oder mehr Karten zu deuten, die alle gleichzeitig vor einem auf dem Tisch liegen und darauf warten, von Ihnen in logischen Zusammenhang gebracht zu werden. Frust ist vorprogrammiert!

Stellen Sie sich eine Frage, zu Ihrer Beziehung zum Beispiel. Sie möchten dazu etwas wissen, wissen aber noch nicht genau, wie Sie es formulieren möchten. Vielleicht haben Sie auch viele Fragen auf einmal und brauchen zunächst eine Karte für die Grundstimmung oder zur Klärung eines besonderen Ereignisses.

Wenn Sie nicht genau wissen, nach was Sie fragen möchten, dann ist es auch schwer, ein Muster dafür zu finden. Oder Sie kennen Ihre Frage, aber es gibt dafür kein Legemuster (zum Beispiel »Warum hat die treulose Tomate mich gestern Abend nicht angerufen?«). Für diese Fälle bietet sich die unproblematische Einzelziehung an.

Gehen Sie am besten so vor:

Sie konzentrieren sich daher auf das Thema und ziehen zunächst eine Basiskarte für die Thematik oder das Problem.

Lassen Sie uns das oben genannte Beispiel weiterführen. Ihr Partner hat gestern nicht wie versprochen angerufen und Sie verstehen das nicht. Vielleicht sind Sie ja auch eifersüchtig und vermuten deshalb das Schlimmste.

Jedenfalls werden Sie zunächst eine Basiskarte für die Situation ziehen und zum Beispiel die 8 Münzen aufdecken. Sie sehen, dass der Partner mitten in einer Arbeit steckte und sich nicht melden konnte.

Vielleicht ziehen Sie auch den Wagen und erfahren so von einer möglichen Autopanne oder einem spontanen Außendiensteinsatz? In diesem Fall werden Sie die Karten wohl nicht länger bemühen. Es ist alles in Ordnung.

Wenn Sie jedoch die 4 Kelche ziehen, ist Ihr Partner beleidigt und wollte gar nicht anrufen. Jetzt möchten Sie sicher wissen, warum?

Sie werden dazu eine oder mehrere weitere Karten ziehen, bis Ihnen dämmert, was ihm über die Leber gelaufen ist. Sie haben mit einem Ex geflirtet (2 Kelche)? Sie waren mit Ihren Freundinnen allein in der Disco (3 Kelche)?

Kreisen Sie das Problem langsam ein. Hierzu würde sich kein Muster anbieten, Sie sind viel schneller, wenn Sie einzelne Fragen dazu stellen. Und bestimmt haben Sie ja auch schon eine gewisse Vorahnung, oder?

Sollte die KRAFT erscheinen, ist er möglicherweise fremdgegangen. Hier brauchen Sie nicht viele Karten zu ziehen – stellen Sie ihn lieber gleich vorsichtig zur Rede, bevor Sie ihm eine Szene machen.

> Hierbei ist Folgendes ganz wichtig:
>
> Vergessen Sie nie, dass Sie nicht von den Karten abhängig sind. Sie können auch mit kleinen Hinweisen auskommen und dann selber tätig werden!
>
> Sie könnten sich sonst selbst verrückt machen, indem Sie stundenlang Karten ziehen oder über der Frage brüten, was passiert sein könnte. Ein Hinweis ist gut und schön, aber versuchen Sie doch bitte, möglichst viele Angelegenheiten nach einem kleinen Anstoß der Karten selbst zu erledigen!

Außerdem könnten Sie einen schlechten Tag gehabt haben und unkonzentriert gewesen sein. Und die falsche Karte oder die falschen Schlüsse gezogen haben! Dann machen Sie im o.g. Beispiel Ihrem Partner völlig ungerechtfertigt die Hölle heiß – und das wollen Sie doch nicht, oder?

Wie Sie anhand des Beispiels gesehen haben, ist es einfacher, sich mit Einzelziehungen durchzufragen. Sie können sich schön auf eine Karte nach der anderen konzentrieren, ohne ein Muster kombinieren zu müssen und sich so langsam an das Thema heranarbeiten.

Möglicherweise benötigen Sie ja auch gar nicht mehrere Karten, sondern die Antwort ist bereits nach der ersten Karte völlig klar? Dann sind Sie auch noch schneller fertig als mit einem großen Legesystem.

Hilfe! Meine Karten hatten gar nicht recht!

Wenn Sie bei Ihren Deutungen Sie mal danebenliegen sollten: keine Panik. Die Karten haben Ihnen sicher das Richtige mitteilen wollen, Sie haben es nur nicht verstanden. Sie sind ja auch noch Anfänger. Da geht das nicht so schnell.

(Und es kann auch den Fortgeschrittenen immer wieder mal passieren!) Sie werden noch besser werden, sobald Sie den persönlichen Code zwischen Ihnen und Ihren Karten mal entdeckt haben!

Ein Problem hierbei könnte sein, dass Sie die Karten unbewusst beeinflusst haben, weil Sie sich ganz stark ein bestimmtes Ergebnis gewünscht haben. So können Sie in die Karten das Beste hineindeuteln. Oder wenn Sie pessimistisch veranlagt sind, könnten Sie ständig nur das Negative in der Karte sehen.

Es ist ganz wichtig, dass Sie die Karten völlig unbefangen befragen und sich nicht in die Deutung hineinsteigern, sonst werden Ihre Ergebnisse nicht stimmen - und Sie wollen doch konkrete und richtige Ergebnisse haben, oder nicht?

Legen Sie daher nur in ruhiger Stimmung und in konzentrierter Haltung die Karten, sonst können Sie es gleich bleiben lassen.

Soll ich zum Üben eine Tageskarte ziehen?

In beinahe jedem Buch wird Ihnen empfohlen, sich an die Bedeutung der Karten heranzutasten, indem Sie am Morgen jedes Tages eine Karte für diesen Tag ziehen und dann beobachten, was an diesem Tag geschieht. Das sollten Sie nach Möglichkeit notieren und abends die Ereignisse des Tages mit der Karte vergleichen.

Grundsätzlich ist dieses Vorgehen zu empfehlen. Aber bedenken Sie: Wenn Sie morgens die Karte »Der Wagen« ziehen und Sie haben täglich eine größere Strecke bis zur Arbeitsstelle zurückzulegen, so bringt Ihnen dies keine neuen Erkenntnisse oder öffnet Ihnen nicht gleich den Blick für Bedeutungen, die die Karte nur für Sie bereithält, für Ihren »persönlichen Code« also.

Dasselbe Problem haben Sie, wenn Sie in der Silvesternacht eine Jahreskarte für das kommende Jahr ziehen sollen.

Vielleicht darf ich Ihnen eine Abwandlung empfehlen?

Sie werden morgens schon in etwa wissen, was Sie an diesem Tag für Termine oder Pläne haben werden. Versuchen Sie, mehrere Karten für diese Termine oder Pläne zu ziehen und sich zu notieren, dann müssen Sie abends nicht raten, ob der Wagen für die abendliche Fahrt zum Stammtisch stand (Sie wurden als Fahrer ausgewählt und dürfen nüchtern bleiben, Glückwunsch!) oder für die plötzliche Heimfahrt, weil Ihnen auf der Arbeit eingefallen ist, dass Sie wichtige Dokumente zu Hause vergessen haben.

Unterteilen Sie Ihre täglichen Fragen daher in beliebig viele Unterthemen und machen Sie eine kurze Notiz dazu. Vorzugsweise notieren Sie sich die Ergebnisse in einem Tagesplaner, den Sie sowieso benutzen, dann haben Sie keine Probleme mit komplizierter Zettelwirtschaft.

Beispielsweise ziehen Sie eine Karte für Ereignisse bei der Arbeit, eine Karte für das Familienleben und eine Karte für die bevorstehende Freizeitaktivität – wenn Sie abends ins Kino möchten, wissen Sie also schon am Morgen, ob Sie den Film mögen werden oder nicht. ☺

Wenn Sie die Karten auf diese Weise ziehen, haben Sie es später leichter, die Ereignisse zuzuordnen und müssen nicht krampfhaft überlegen, auf was sich die Karte bezogen hat. Natürlich dauert das dann etwas länger, aber das Mischen, Ziehen und Notieren von 3 Kartennamen dauert trotzdem nicht Stunden.

Und darüber hinaus können Sie natürlich die Karten schon am Abend zuvor ziehen und sich aufschreiben. Sie müssen auch nicht die Namen der Karten ausschreiben.

Zeichnen Sie statt AS DER KELCHE zu schreiben einfach einen u-förmigen Bogen und schreiben AS dahinter. Oder eine kleine Sanduhrform würde als Ihre persönliche Symbolik für den Kelch auch bereits ausreichen. Dazu könnten Sie sich »Liebe« notieren. Ein kurzer Aufwand.

Genauso können Sie auch kurz vor besonderen Anlässen eine Karte ziehen, um hinterher zu prüfen, wie eine Party war oder wie ein Jahrgangstreffen oder ein Schulausflug gelaufen ist. Auch eine Frage für den Urlaub bietet sich an.

> Ganz wichtig:
>
> Sie dürfen dabei natürlich nicht allzu ängstlich sein. Wenn Sie bei jeder unangenehmeren Karte gleich einen Herzinfarkt bekommen, bevor überhaupt irgendetwas passiert ist, dann ist das Kartenlegen an sich für Sie nicht empfehlenswert. Sie sollten sich nicht in die Legung hineinsteigern, sondern die Karten als Freunde sehen, die Ihnen Tipps geben.

Und wenn etwas Unangenehmes ansteht, dann wappnen Sie sich und stehen die Sache durch.

Die Karten haben Ihnen vielleicht sogar einen Rat, wie Sie die ganze Angelegenheit von vorneherein positiv beeinflussen können. Und Geschehnisse, die nicht in Ihrer Macht liegen, können Sie sowieso nicht beeinflussen.

Wenn morgen früh Ihr Nachbar einen Wasserrohrbruch hat und die Straße vor Ihrem Haus aufgerissen werden muss, dann wird das eben passieren.

Die Legung

Sobald Sie sich ein wenig an die Karten gewöhnt haben, oder auch nachdem Sie fleißig jeden Tag die Tageskarten gelegt haben, können Sie schon mit einem einfachen Legesystem beginnen. Und als Schnelleinsteiger beginnen Sie vielleicht auch sofort- würde mich nicht wundern ...

Eine ganz kleine Legung bekommen Sie jetzt vermutlich auch ohne große Probleme schon hin (Sie können ja das Buch dazu benutzen, um die Bedeutung nachzulesen, bei nur drei Karten werden Sie dazu nicht lange brauchen):

Sie fragen, wie sich eine bestimmte Situation entwickeln wird, und ziehen dann verdeckt drei Karten, die sie nebeneinander (von links nach rechts) auf den Tisch legen und aufdecken. Die Situation wird sich in diesen drei Schritten entwickeln, die die Karten zeigen.

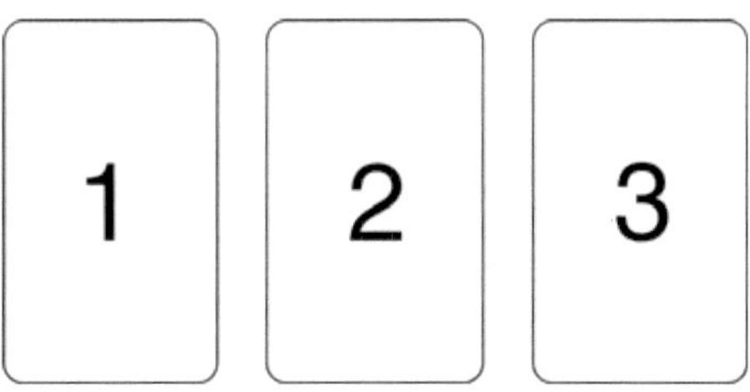

Ich will ein RICHTIGES Legemuster!

Schwierigere Legung: das keltische Kreuz

Wenn Sie sich schon stark genug fühlen, dann versuchen Sie einmal ein großes Bild zu legen und verwenden Sie dafür die Methode »Das keltische Kreuz«, das in praktisch jedem Tarotbuch beschrieben wird.

Ich selbst benutze es nicht immer gerne, denn bei Fragestellern, die unbedingt ein konkretes Ergebnis haben wollen, kommt das eher Umstandsbeschreibende keltische Kreuz nicht so gut an, die zielsichere Einzelziehung ist da schon beliebter.

Gehen Sie so vor: (weiter unten ist ein Beispiel angefügt)

Sie ziehen nach dem Mischen verdeckt 10 Karten. Die Erste legen Sie dann aufgedeckt mitten auf den Tisch. Dies ist die Hauptsituation, der Haupteinfluss in dieser Angelegenheit. Die zweite Karte legen Sie gekreuzt darüber.

Diese Karte stärkt oder schwächt den Einfluss der ersten Karte / Situation. Hier könnten Sie möglicherweise auch einen Gegenspieler oder einen Helfer sehen, wenn eine Hofkarte / Personenkarte erscheint.

Die dritte Karte legen Sie nach oben versetzt über diese beiden Karten. Sie zeigt, was Sie zu diesem Thema denken.

Die vierte Karte legen Sie dann nach unten versetzt unter diese beiden Karten. Die Karte zeigt Ihr Unterbewusstsein und Ihre möglicherweise versteckte Einstellung zu dem Thema an. Das kann etwas sein, das Sie vielleicht geahnt haben, sich aber nicht eingestehen wollten.

Die fünfte Karte legen Sie links von den gekreuzten Karten 1 und 2 hin. Sie zeigt die jüngste Vergangenheit, die zu der aktuellen Situation geführt hat. Wenn Sie möchten, könnten Sie rückwärts zu dieser Karte noch weitere Karten ziehen, um die Entwicklung der älteren Vergangenheit bis zur aktuellen Situation festzustellen. Sie fügen quasi eine kleine 3-Karten-Legung hier an bzw. schalten diese vor die Karte Nummer 5.

Die sechste Karte legen Sie rechts von den gekreuzten Karten hin. Sie zeigt die nächste Zukunft, also was in absehbarer Zeit passieren wird.

Die siebte Karte legen Sie in Höhe der vierten Karte weiter nach rechts. Diese Karte zeigt, wie Sie selbst durch Ihr Verhalten zu der Situation beitragen.

Die achte Karte legen Sie ein Stückchen höher (in Höhe der sechsten Karte) über diese siebte Karte. Sie zeigt den Einfluss der Umwelt oder anderer Personen auf das Thema an.

Die neunte Karte legen Sie wieder ein Stückchen höher (in Höhe der dritten Karte) über die achte Karte. Sie zeigt Ihre Ängste, Befürchtungen oder Hoffnungen zu diesem Thema an.

Die zehnte Karte schließlich legen Sie wieder ein Stückchen höher über die neunte Karte. Diese Karte zeigt das voraussichtlich zu erwartende Ergebnis dieser Situation.

Wenn Sie diese Legung bereits hinbekommen und sich auch einen Reim auf die Karten machen können, dann sind Sie schon sehr gut. Weiter so!

In einigen Beschreibungen, über die Sie vielleicht stolpern werden, ist die Reihenfolge der Karten leicht verändert. Sie können sich auch für eine andere Art der Legung entscheiden. Versuchen Sie, was sich für Sie besser oder logischer anfühlt und bleiben Sie dann dabei, denn wenn Sie sich einmal eine Reihenfolge angewöhnt haben, sollten Sie nur noch nach dieser vorgehen, sonst kommen Sie leicht durcheinander.

Legemuster: Das keltische Kreuz

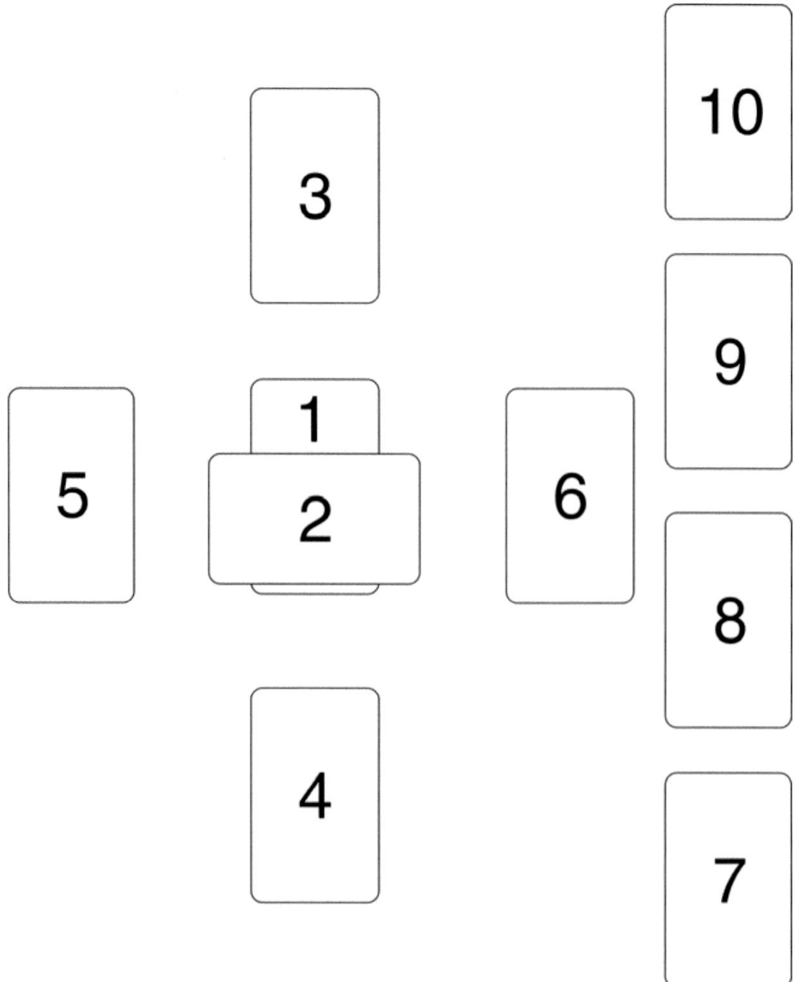

Hilfe! Muss ich alle meine Legungen aufzeichnen?

Wenn Sie noch in der Übungsphase sind, werden Sie viele verschiedene Dinge fragen und verschiedene Legungen versuchen. Gerade Einzelziehungen zu verschiedenen Themen und möglicherweise noch am selben Tag, könnten sie später verwirren und Sie wissen vielleicht nicht mehr genau, welche Karte zu welchem Thema aufgedeckt worden ist.

Ich kann Ihnen daher nur empfehlen, sich ein schickes Büchlein zu kaufen – am besten DIN-A4 kariert – und dort alle Ihre Ergebnisse versehen mit Datum einzutragen.

Es sollte etwas Ansprechendes sein, das Sie auch gerne zur Hand nehmen und mit dem Sie gerne arbeiten. (Ihre Tageskarten tragen Sie am besten wie vorgeschlagen immer in Ihren Tagesplaner ein, das ist einfacher und übersichtlicher!)

Das klingt für Ungeduldige natürlich nach viel Arbeit, aber das ist es gar nicht und außerdem wird es sich für Sie lohnen!

So können Sie nämlich später immer mal wieder nachschauen, wie sich bestimmte Situationen, nach denen Sie häufig gefragt haben (zum Beispiel die Liebe), entwickelt haben.

Und wenn Sie das Datum der Legungen noch dazu haben, können Sie möglicherweise hinterher sogar feststellen, was an diesen Tagen im Außen passiert ist (und was Sie vielleicht erst im Nachhinein von jemandem erfahren haben) und was dann im Endeffekt zu einer Änderung der Geschehnisse geführt hat, was sich dann wiederum in Ihrer Legung niedergeschlagen hat.

Wenn Ihnen das mit dem Buch zu umständlich ist, zeichnen Sie sich wenigstens die wichtigsten Legungen hin und wieder auf einem Bogen Papier auf.

Wie zum Beispiel das keltische Kreuz. Man sagt, dass die »Gültigkeitsdauer« dieser Legung, wenn nicht anders festgelegt, ca. 6-8 Wochen beträgt. Sie werden also die Legung nur ca. alle zwei Monate wiederholen und da können Sie sich sicher nicht mehr an alles erinnern. Eine kleine Notiz wäre also sehr hilfreich für Sie.

Gehen Sie dazu wie folgt vor:

Wie gesagt, ein Büchlein ist viel schöner als irgendein Schmierzettel, aber wenn Ihnen das zu viel Aufwand ist, dann nehmen Sie einfach einen Bogen kariertes Papier, zeichnen Sie sich die Position der 10 Karten ein und notieren Sie sich neben der Positionsnummer der Karten den Namen der gezogenen Karten und darunter mindestens ein Stichwort der Bedeutung. Dies kann auch schon der persönliche Code zwischen Ihnen und der Karte sein, das wäre super!

Bewahren Sie sich dann dieses Blatt anstelle des Büchleins eine Weile auf, um die Legung später überprüfen zu können.

Natürlich können Sie auch kreativer vorgehen und sich die Ergebnisse als Dateien im PC ablegen – wenn es Ihnen nicht zu umständlich ist, den bei jeder Rückfrage anzuschmeißen, dann steht dieser Lösung nichts im Wege.

Wenn Sie gerne mit dem PC arbeiten, können Sie sich auch Vordrucke für das keltische Kreuz erstellen, sodass Sie in das Blatt nur noch Ihre gezogenen Karten eintragen müssen. Seien Sie kreativ!

Beispiel:
(Legung über Berufswechsel nach Kündigung)

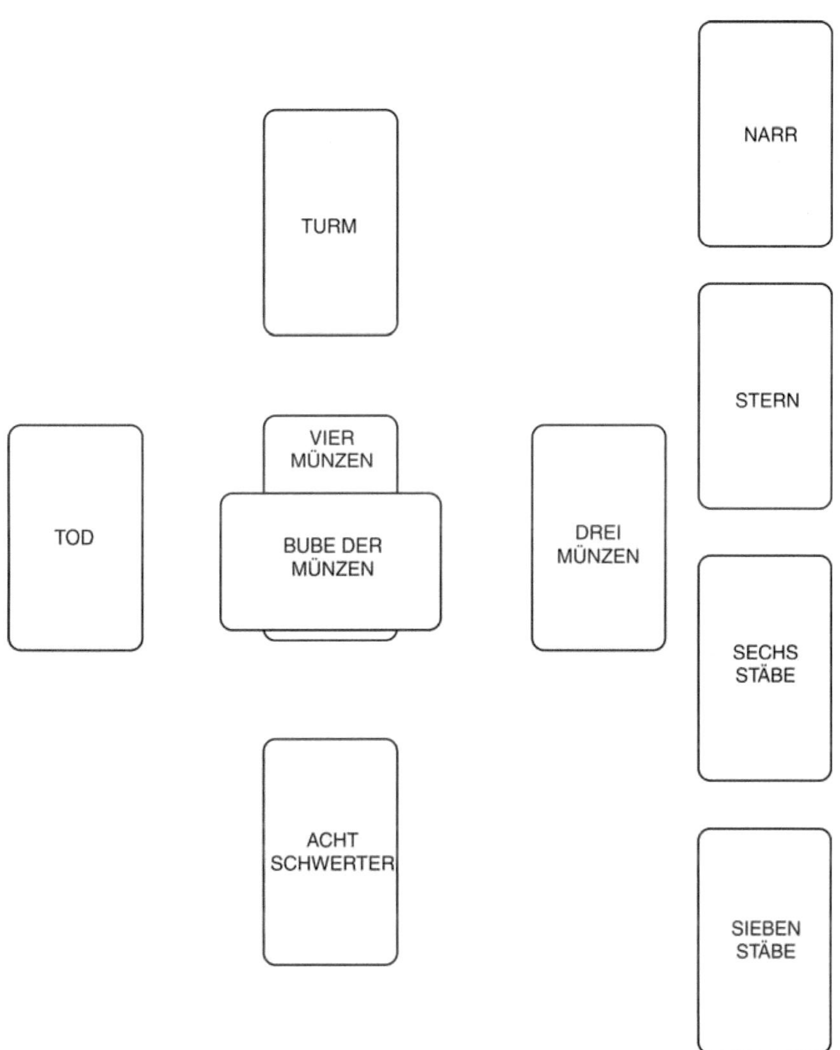

Zu dem Beispiel ist zu sagen, dass es sich hier um folgende Thematik handelt. Nachdem der bisherige Job durch innere oder äußere Kündigung geendet hat, muss man sich neu orientieren.

Man hält wohl zunächst an der bekannten Umgebung oder dem Betätigungsfeld fest und sammelt neue Angebote. Innerlich blockiert erhält man von außen jedoch neue Erkenntnisse. Und die Aussichten deuten auf einen Neubeginn hin.

Aufgrund der Skepsis ist die Abwehrhaltung verständlich, doch die Umgebung macht einem Mut und so hofft man auf Schutz und guten Ausgang und stürzt sich offen und neugierig in den neuen Job.

Gibt es auch Legungen für Beziehungen?

Über Beziehungsfragen könnte man einen ganzen Roman schreiben und auch die meisten Beispiele dazu finden. Es kommt sehr häufig vor, dass jemand fragen möchte, wie der Partner zu einem steht oder auch für welchen von zwei Kandidaten man sich entscheiden sollte.

Mit Einzelziehungen können Sie hier meiner Meinung nach am meisten herausfinden, aber es gibt ein kurzes Legesystem, das Sie zunächst als Grundlage verwenden können.

a) Für die Frage nach nur einem Partner

Mischen Sie die Karten gut durch und ziehen Sie dann nacheinander 4 Karten mit folgender Fragestellung:

1) Was denkt mein Partner über unsere Beziehung? (Hier würden Sie bereits eventuell Zweifel sehen oder schon die Gedanken an das Beenden der Beziehung)

2) Was wünscht sich mein Partner in oder von unserer Beziehung? (Hier kann man zum Beispiel erkennen, dass es sich lediglich um materielle Gesichtspunkte handelt oder die Beziehung auf Sex basiert oder auch, ob er etwas in der Beziehung vermisst).

3) Wie sind die Gefühle meines Partners für mich? (Eine wichtige Karte, vielleicht sind die Gefühle bereits tot, was sich bei Karte 1 oder 4 mit einem Beendigungshinweis niederschlagen könnte).

4) Wie wird unsere Beziehung weitergehen? (Hier haben Sie einen vorläufigen Ausblick auf die Beziehung).

Jetzt können Sie die vorhandenen Informationen durch das Ziehen weiterer Karten noch ausgiebig erörtern oder dieselben Karten auch für den Fragesteller (sich selbst, wenn Sie der Frager sind) ziehen, um die Diskrepanzen in Ihrer Beziehung zu finden und eventuell zu lösen. Fragen Sie: Was wünsche ich mir? Was fühle ich für meinen Partner?

b) Für die Frage nach zwei Partnern

Geht es um die Entscheidung zwischen zwei Partnern, die beide am Fragesteller (an Ihnen) interessiert sind, so können Sie als Signifikator eine Personenkarte auswählen, die für den Frager (für Sie) steht und diese offen hinlegen. (Nehmen Sie einen König oder eine Königin, die Ihrer Meinung nach vom Charakter her zu dem Fragesteller passt).

Legen Sie dann fest, nach welchem möglichen Partner zuerst gefragt wird und ziehen Sie die vier oben genannten Karten. Platzieren Sie diese links von der Personenkarte des Fragenden (am besten senkrecht) und fragen Sie dann für den zweiten möglichen Partner nach.

Legen Sie diese Karten auf die rechte Seite der Personenkarte (am besten senkrecht). So sehen Sie gleich, wer von den beiden die besseren Absichten mit Ihnen hat.

Vielleicht gibt es aber nicht zwei Partner, die an Ihnen interessiert sind, sondern Sie selbst oder Ihr Frager steht zwischen zwei Stühlen und wissen nicht, welchen Partner Sie bevorzugen würden. Auch dann können Sie diese Legung abgewandelt verwenden. Denn natürlich lassen sich die oben genannten Fragen auch umformulieren und aus Sicht des Fragestellers stellen.

Suchen Sie einen Signifikator für sich und fragen Sie getrennt zuerst nach Person A, dann nach Person B: Also: Was erwartet der Fragesteller/Sie von Person A? Was wünscht er (Sie) sich von einer Beziehung mit Person A? etc.

Ich habe es schon erlebt, dass ein Mann tatsächlich nach den Aussichten einer Beziehung mit fünf verschiedenen Partnerinnen gefragt hat. Es ist kaum vorstellbar, dass die Gefühle für jede der fünf Damen gleich stark sind.

Wenn Sie vor so einer Situation stehen, dann schlagen Sie vor, zunächst lieber nur eine Gefühlskarte für jede Dame zu ziehen, die zeigt, für welche mögliche Partnerin das Herz des Fragers am meisten schlägt und prüfen Sie dann nur diesen Partner ab.

Es kann nämlich immer mal vorkommen, dass jemand Sie und ihre neu erworbenen Fähigkeiten einfach nur testen möchte und mit solchen unnötigen Mammutfragen Ihre Zeit verschwendet.

Wenn sie professionell arbeiten und Geld dafür bekommen (zum jetzigen Zeitpunkt sicher noch nicht, Sie üben ja noch) dann bekommen Sie den Aufwand wenigstens bezahlt und müssen davon ausgehen, dass der Fragesteller tatsächliches Interesse an dieser Frage hat, sonst würde er kein Geld dafür ausgeben.

Wenn Sie skeptisch sind, dann fragen Sie einfach bei Ihrem Gegenüber nach, ob wirklich alle Personen gleich wichtig sind. Man kann ja mit den Leuten reden.

Hilfe! Ich muss unbedingt Zeiträume oder bestimmte Zeitpunkte herausfinden!

Manche Kartenleger schwören auf Zeitangaben, die sich aus den aufgedruckten Zahlen der Kleinen Arkana ergeben sollen. Zum Beispiel eine 5 steht für einen Zeitraum von 5 Stunden, 5 Tagen, 5 Wochen, etc.

Enttäuschenderweise hat dieser Versuch der Deutung bei mir noch nie korrekte Ergebnisse geliefert. Sie können es versuchen, ich verrate

Ihnen noch eine andere, wenn auch kompliziertere Möglichkeit, die die besseren Ergebnisse bringt.

Sie möchten wissen, wann Sie zum Beispiel schwanger werden? Dann nehmen Sie sich das aktuelle Jahr vor und ziehen Sie für jeden Monat eine Karte. Beim Aufdecken sehen Sie gleich, in welchem Monat die Karten Ihnen die besten Chancen einräumen.

Oder legen Sie ganz genau fest, welche Karte für dieses Ereignis erscheinen soll und halten Sie nach dieser Karte Ausschau. Gehen Sie vor, wie bei der oben beschriebenen Methode zu den Ja-Nein-Fragen.

Legen Sie fest, dass in dem Monat, in dem Sie schwanger werden, die Herrscherin erscheinen soll. Dann ziehen Sie 12 Karten für 12 Monate und decken Sie nacheinander auf. Im September ist die Herrscherin dabei. Na also! Die Herrscherin ist nicht dabei? Nun, dann ist es leider in diesem Jahr noch nicht soweit.

Wenn Sie wirklich für eine bestimmte Situation ganz dringend einen bestimmten Tag herausfinden wollen, können Sie das Spiel auch für das ganze Jahr (also für jeden Tag des Jahres) durchspielen, aber das ist dann ziemlich anstrengend.

(Sie müssen nach jeder gezogenen Karte wieder alle mischen, sonst gehen Ihnen nach 78 Tagen die Karten aus) und man sollte es wirklich nicht übertreiben!

Selbstverständlich habe ich diese Methode selbst getestet und nach einem Wiedersehen mit alten Freunden gefragt. Ich musste dafür jedoch Karten für ein Dreivierteljahr ziehen und war ziemlich beschäftigt.

Die festgelegte Karte ist allerdings genau am richtigen Tag aufgetaucht, an dem viel später auch tatsächlich ein Treffen stattgefunden hat. Aber das ist schon sehr umständlich und war auch nur zur Prüfung der Methode gedacht. Sie könnten solche Spielereien abkürzen und sich einfach bei Bedarf gleich mit Ihren Freunden verabreden!

Aber es wäre sowieso schöner, wenn Sie NICHT versuchen würden, ganz genaue Zeitangaben für irgendetwas zu erhalten!

Bedenken Sie immer, dass jede Ihrer Handlungen die ganze Situation nachhaltig verändern kann und was nützt es da, wenn Sie einen Termin finden, der 8 Monate entfernt liegt und sich durch ihr Verhalten dergestalt ändert, dass die gewünschte Situation bzw. das erwünschte Ergebnis möglicherweise nie eintritt?

Man sollte auch nicht alles ganz genau wissen oder eine Abhängigkeit von den Karten entwickeln. Prüfen Sie Ihre Chancen und machen Sie das Beste daraus!

Daher bevorzuge ich es, eine gegebene Situation zu durchleuchten und an den Schwachstellen zu arbeiten, sowie positive Trends zu nutzen. Sehen Sie sich nicht eine Zukunft an, auf die Sie dann mit den Händen im Schoß warten. Das dürfte vermutlich in die Hose gehen ...

In diesem Sinne: Viel Vergnügen bei den ersten Versuchen!

Daniela Mattes

Daniela Mattes, geb. 1970, Diplom-Verwaltungswirtin (FH) hat ihre schriftstellerische Laufbahn 2005 mit einem Kinderbuch begonnen.

Seither ist sie jedoch in jedem Genre vertreten und hat in verschiedenen Verlagen Kinderbücher, Fantasybücher, historische Romane, esoterische Bücher und Wahrsagekarten veröffentlicht.

Mit zwei Autorenkolleginnen hat sie lange Zeit die Kolumne „Federlesen" geschrieben, die zunächst in der Tageszeitung, dann als Printausgabe veröffentlicht wurde. Für den Ancient Mail Verlag hat sie bereits einige Bücher ins Deutsche übersetzt.

Daniela Mattes beschäftigt sich seit dem 14. Lebensjahr mit Astrologie und hat einen Abschluss in Astrologischer Psychologie (SGD). Außerdem interessiert sie sich für Wahrsagen und Steinheilkunde sowie alte Kulturen und ungelöste Rätsel.

Mit Remo Kelm zusammen hat sie 2017 das erste Buch über mysteriöse Fälle veröffentlicht.

Mehr Informationen zu ihrer Person sind auf ihrer Webseite ersichtlich: www.daniela-mattes.de / www.daniela-mattes.com

Weitere Bücher von Daniela Mattes zu faszinierenden Themen im Ancient Mail Verlag:

Remo Kelm / Daniela Mattes

Mystische Welt

Von Jenseitskontakten und Todeswäldern

ISBN 978-3-95652-215-4, Din A5, Paperback, 184 Seiten, 87 größtenteils farbige Abbildungen, **€ 17,80**

Der Mensch fürchtet das am meisten, was er nicht erklären kann. Ein Satz mit zeitloser Gültigkeit. Doch leider sind es auch gerade diese Sachen, die auf uns die größte Faszination ausüben. Wir lieben Mysterien und sind von Ihnen fasziniert.

Viele vermeintlich unerklärliche Phänomene lassen sich nach eingehender Prüfung schlüssig und sachlich mit ganz weltlichen Begründungen aufklären. Andere wiederum stellen sich im Laufe der Zeit als Fälschungen heraus.

Und dann gibt es noch jene Fälle, für die man erst nach Jahren, Jahrhunderten oder auch nie eine einigermaßen plausible Erklärung findet. Und gerade diese Fälle sind es, die uns am meisten faszinieren und beschäftigen und bei denen wir darauf erpicht sind, mehr zu erfahren, um endlich dem Geheimnis auf den Grund zu gehen.

In diesem Buch stellen wir Ihnen einige dieser unerklärlichen Fälle vor, die zum Teil noch offen und zum Teil recht unbefriedigend gelöst sind. Vielfach stellt man sich auch dann noch die Frage „Wie?“ und „Warum?“

Begleiten Sie uns in diesem Buch zu mysteriösen Orten und in fremde Welten. Betrachten Sie mit uns historische Mordfälle und blicken Sie in psychologische Abgründe. Lösen Sie literarische Rätsel, folgen Sie den Fährten spurlos Verschwundener und staunen Sie über seltsame Wesen.

Susanne Klimt und Daniela Mattes

Hellsehen in Theorie und Praxis

Hochtechnologie vor Jahrtausenden?

ISBN 978-3-95652-280-2, Paperback, Din A5, 88 Seiten, 13 Farbabbildungen, **€ 12,50**

Spannende Einblicke in eine mystische Fähigkeit – das Hellsehen – erklärt von einer echten Seherin!

Hellsehen – was ist das eigentlich? In diesem Buch, das in Theorie und Praxis unterteilt ist, erfährt der Leser zunächst alles Wissenswerte über Hellsehen und die verschiedenen Arten der außersinnlichen Wahrnehmung, bevor es im Praxisteil mit der Seherin Susanne Klimt weitergeht.

Sie geht auf Fragen ein, mit denen hellsichtige Menschen häufig konfrontiert werden. Was macht so eine Seherin und was und wie sieht sie die Ereignisse? Was kann man überhaupt vorhersagen und wo sind die Grenzen? Gibt es ein Verfallsdatum für Vorhersagen und woher kommen diese überhaupt? Können Hellseher auch Kontakt zu Verstorbenen herstellen oder mit dem Schutzengel der Klienten in Verbindung treten? Kann man Hellsehen lernen und wie?

Diese und viele weitere spannende Themen erwarten den Leser in diesem Buch.

Daniela Mattes

Geheimnisvolles Tibet

Der mysteriöse Fall des Lobsang Rampa

ISBN 978-3-95652-309-0, Paperback, Din A5, 244 Seiten, 10 s/w-Abbildungen, **€ 17,80**

In den 1950er Jahren, als noch wenig über Tibet bekannt war, tauchte in England ein Mann auf, der behauptete, ein hochrangiger tibetischer Lama zu sein. Sein erstes Buch „Das dritte Auge" wurde sofort zum Bestseller. 18 weitere Bücher folgten. Und obwohl der inzwischen verstorbene Mann kurz nach Erscheinen seines ersten Buches als „Betrüger" durch die Presse gejagt wurde, hat er auch heute noch viele Fans auf der ganzen Welt.

Was ist das wahre Geheimnis dieses Mannes, der einen Seelentausch mit dem Engländer Cyril Henry Hoskin vollzogen haben will? Hat er wirklich in seinen Büchern echte Vorfälle berichtet, die er selbst bei seinen Astralreisen und in geheimnisvollen unterirdischen Höhlen in Tibet erlebt haben will? Gibt es dort wirklich Zugänge zu geheimnisvollen Städten, in denen alte Hochzivilisationen gelebt haben?

Das Buch führt den Leser in das unbekannte Tibet mit all seinen östlichen Weisheiten, in denen die Mönche, genau wie die indischen Yogis, mit speziellen Übungen des Yoga dazu in der Lage sind, zu levitieren, Astralreisen vorzunehmen und viele andere Dinge zu tun, die bei Menschen im Westen als unglaublich angesehen werden. Es versucht zu klären, ob Lobsang Rampas Erlebnisse echt waren, oder ob er lediglich ein raffinierter Betrüger war.

Susanne Klimt und Daniela Mattes

Mythos der Weißen Frauen

Wenn Frauen hassen …

ISBN 978-3-95652-301-4, Paperback, Din A5, 84 Seiten, 18 s/w-Abbildungen, **€ 9,50**

Fast jede Burg oder jedes Schloss berichtet von Geistererscheinungen, die dort hausen und seit Jahrhunderten die Besucher erschrecken. Ganz besonders häufig hört man dabei von einer „Weißen Frau", die ruhelos durch die Gänge streift. Dabei handelt es sich meist um die Geister adliger Damen, die durch einen Unglücksfall, einen heimtückischen Mord oder gar Selbstmord zu Tode gekommen sind.

Diese Damen haben ihren Tod offenbar nicht verkraftet und konnten nicht ins Jenseits gehen, sondern wandern traurig durch die Zwischenwelt. Einsam und unglücklich, aber nicht gefährlich, obwohl ihr Erscheinen manchmal als Zeichen dafür gewertet wird, dass eine Katastrophe oder ein Todesfall bevorsteht. Doch ganz so einfach ist es nicht, sagt die berühmte Seherin Susanne Klimt …

Daniela Mattes und Roland Roth

Mythos Wiedergänger

Was haben Zombies, Dracula und Frankenstein gemeinsam?

ISBN978-3-95652-305-2, Paperback, Din A5, 156 Seiten, 28 s/w-Abbildungen, **€ 13,50**

Überall auf der Welt herrscht seit Jahrtausenden ein tief verwurzelter Aberglaube. Die Menschen unterschiedlichster Kulturen und Religionen fürchten sich vor den „Wiedergängern", den Untoten, die aus den Gräbern zurückkehren, um die Lebenden zu holen, zu bestrafen oder auch zu quälen. Ihre Gestalt und ihre Beweggründe sind dabei sehr verschieden und auch ihre Absichten sowie die Methoden ihrer Bekämpfung oder Erlösung variieren stark.

In diesem Buch gehen die Autoren näher auf das Phänomen ein und beleuchten verschiedene Aspekte der Rückkehr aus dem Reich der Toten. Sie nehmen dabei berühmte Wiedergänger wie Dracula oder Frankensteins Monster ins Visier, wandeln auf den Spuren von Nosferatu und betrachten den populären Zombie-Mythos in all seinen Facetten.

Woher stammt unsere unaussprechliche Angst vor den Wiedergängern und wo ist die Grenze zwischen Realität und Fiktion? Folgen Sie den Autoren auf einen spannenden Streifzug durch die Welt des Schreckens ...

Daniela Mattes

Numerologie und Zahlenmystik

Numerologie für Eilige

ISBN978-3-95652-335-9, Din A5,
112 Seiten, 12 s/w-Abb.,, **€ 12,50**

Haben Sie sich schon mal gefragt, ob und warum die Numerologie eigentlich funktioniert, woher sie stammt und wer sie erfunden hat? Wollen Sie sie möglichst schnell selbst ausprobieren und direkt mit eigenen Berechnungen loslegen? Dann sind Sie hier genau richtig.

In diesem Buch erfahren Sie zunächst etwas über die Herkunft der Zahlenmystik. Danach geht es mit den modernen Anwendungen und Berechnungsmöglichkeiten zur Praxis über. Kurze Erläuterungen und übersichtliche Tabellen erleichtern Ihnen den schnellen Einstieg zu Ihren ersten Berechnungen!

Zahlen beinhalten Energien und Schwingungen und können somit harmonisch oder disharmonisch sein. Das wussten schon die alten Völker wie die Ägypter, die mithilfe der Zahlen harmonische Musik, Gemälde oder Bauwerke schufen. Andere nutzten die Zahlen für astronomische Berechnungen oder zur Bestimmung des optimalen Zeitpunkts für religiöse Rituale. Daneben hatten die Zahlen auch eine wichtige Bedeutung für die Geheimwissenschaften.

Heute wenden vielen Menschen die Numerologie an, um Wesenszüge verschiedenster Dinge oder günstige Tage für bestimmte Vorhaben ermitteln zu können. Mit wenig Aufwand können Sie beispielsweise feststellen, wie Sie mit anderen Menschen oder auch Orten (Wohnort/Reiseziel) und Arbeitsstellen harmonieren und wann Ihre Schicksalsjahre sind ...

Das Buch dient ausdrücklich als historische und praktische Einführung in die Thematik. Es enthält kurze, übersichtliche Anleitungen und numerologische Bedeutungen und lädt dazu ein, dass Sie sich intensiver mit der Materie beschäftigen, sobald Sie bei den Grundlagen „sattelfest" sind.

Steinspuren

(Edel)steine in Kunst, Kultur und Mythos

Mit Beiträgen von Werner Betz, Gisela Ermel, Willi Grömling, Roland M. Horn, Alexander Knörr, Walter-Jörg Langbein und Thomas Ritter

ISBN 978-3-943565-08-9, Din A5, Paperback, 271 Seiten, 27 s/w-Abb., 26 Farbfotos, **€ 16,50**

Mineralien, Gesteine, Edelsteine sind „Bausteine" der Erde und des Lebens auf ihr. In alten Kulturen wurden Steine verwendet, um imposante Bauwerke zu errichten, die der Nachwelt heute noch erhalten sind, um Schriftzeichen darin zu hinterlassen, von denen wir manche heute noch enträtseln. Sie haben nicht zuletzt auch wertvolle Schmuckstücke hervorgebracht, die wir entweder selbst um den Hals tragen oder in Museen bewundern können.

Sie haben als Baumaterial und zur kultischen Anbetung gedient, als Tauschmittel, als Zeichen für Reichtum, als Grabbeigabe oder zur Heilung. Wenn man also Steine und Mineralien betrachtet, muss man ihnen in Ihrer Gesamtheit Respekt zollen und auch andere Bereiche als allein die Heilung berücksichtigen.

Unsere Autoren haben sich zusammengetan, um Ihnen die faszinierende Welt der Steine näher zu bringen. Erfahren Sie in den fünf spannenden Kapiteln mehr über die esoterische und heilende Anwendung von Steinen, ihren Einsatz als Schmucksteine, ihre Bedeutung in Religion, Märchen und Legenden sowie in alten Kulturen. Werfen Sie einen Blick auf die Verwendung der Steine in Geschichte und Alltag sowie auf den faszinierenden Bereich der Grenzwissenschaften und der Forschung.

Die Lenormand-Karten

Ein Crashkurs

Überarbeitete Neuauflage

ISBN 978-3-95652-236-9, Din A5, Paperback,
140 Seiten, **€ 11,50**

„Bei der Beschäftigung mit Wahrsagekarten kommt man eigentlich nicht an den Lenormand-Karten vorbei" sagt Daniela Mattes. Und sie weiß, wovon sie spricht. Seit Jahren legt sie erfolgreiche Tarot- und Lenormand-Karten, hat eine umfangreiche Decksammlung und bereits viel Erfahrung mit Literatur zu dem Thema.

Sind Sie auf der Suche nach einem Buch, das eindrücklich und leicht verständlich diese vielseitige und komplexe Welt der Lenormand-Karten und deren Deutung vermittelt? Suchen Sie nicht weiter, denn hier halten Sie es in Händen!

Unsere Geschichte ist voller Rätsel –

Wir wollen helfen, sie zu lösen !

Bücher und Informationen zu den Themenkreisen Archäologische Rätsel dieser Welt, Paläo-SETI, Grenzwissenschaften, Sagen und Mythen.

Fordern Sie einfach *kostenlose* weitere Informationen an – per Postkarte, Fax, Telefon oder eMail beim

Ancient Mail Verlag • Werner Betz
Europaring 57, D-64521 Groß-Gerau
Tel. (00 49) 61 52/5 43 75, Fax (00 49) 61 52/94 91 82
eMail: ancientmail@t-online.de
www.ancientmail.de